LUIS F. GONZALEZ-CRUZ

FERVOR DEL METODO

EL UNIVERSO CREADOR DE EUGENIO D'ORS

LIBRO FINALISTA
en el concurso literario
PREMIOS LETRAS DE ORO
de 1987

TRATADOS DE CRITICA LITERARIA
EDITORIAL ORIGENES

1.ª edición: Orígenes, 1988

Dibujo portada: Larry Pollock
© Luis González Cruz
© Editorial Orígenes
Plaza de Tuy, 4, 28029 Madrid
Telefono 201 58 00

I.S.B.N.: 84 - 7825 - 003 - 4
Depósito legal: M - 30502 - 1.989
Imprime: Técnicas Gráficas, S.L.
Las Matas, 5 - 28039 Madrid

A Francisco González Estenoz y Alicia
María de la Cruz, con devoción.

A Ali, como Teresa, otra Bien Plantada.

A Jacinta Guzmán, que como Lidia, ascenderá
también a Numen en el Coliseo de la infancia,
en la única y verdadera matriz del mundo.

PREFACIO

A los veintitrés años de edad, en 1904, comenzó Eugenio d'Ors (Barcelona, 1881-1954) su labor periodística en *El Poble Català*. Por esta fecha empieza a escribir sus famosas glosas, comentarios filosóficos, morales, artísticos, culturales, sociales, etc., que se irán recogiendo después en forma de libros. En varias ocasiones las glosas se salían, sin embargo, de su acostumbrado carácter, para convertirse en "pequeñas entregas" que, reunidas, formaban finísimas novelas. La primera de ellas, *La Ben Plantada (La Bien Plantada),* se publicó como obra independiente en 1911, después de haber aparecido fragmentadamente en las páginas de *La Veu de Catalunya*. En 1915 el "Glosari" de D'Ors incluye una serie de glosas que, con el título general de *Gualba, la de mil veus (Gualba, la de mil voces)*, constituye otra novela a cabalidad. Como *La Bien Plantada,* esta obra se publicó más tarde independientemente. Igual fortuna tuvo la novela que le sigue, *Lliçó de tedi en el parc,* escrita durante 1916 y también denominada por el autor, desde su origen casi, como *Oceanografía del tedi (Oceanografía del tedio)*. Las glosas que aparecieron entre 1928 y 1929 en el diario barcelonés *El Día Gráfico,* no tuvieron igual suerte. Lo que había dejado allí escrito era nada menos que *Sijé,* en nuestra opinión, una de sus más sobresalientes obras de ficción. Cincuenta y dos años más tarde, y veintisiete después de la muerte del escritor, en 1981, se publicaron por primera vez reunidas estas páginas. El inexplicable hecho de tal demora se debió seguramente al relativo abandono en que cayó la figura de D'Ors por un buen número de años. *La verdadera historia de Lidia de Cadaqués* es, en muchos sentidos, excepcional: escrita en castellano y aparecida póstumamente, fue la única de las novelas que vio la luz por primera vez en forma de libro y no como episódicas glosas periodísticas.

El carácter fundamental de toda la obra de Eugenio d'Ors está dado por la coherencia de la misma y la constancia de ciertos temas. Como se verá en las páginas que siguen, dicha obra es casi cíclica si se tiene en cuenta que su última novela, *Lidia de Cadaqués,* es, en cierto modo, complemento de la primera, *La Bien Plantada.* Por otra parte, todas esas narraciones tienen un trasfondo ideológico cuyas raíces se hunden en el amplio material filosófico que produjo el Maestro durante su larga carrera literaria. Por tal motivo, aunque en nuestro presente estudio nos dedicamos especialmente a dilucidar las obras de creación más extensas, ha sido indispensable muchas veces buscar las fuentes de lo enjuiciado en esos otros escritos ya "clásicos" del autor *(La filosofía del hombre que trabaja y que juega, Lo Barroco,* etc.).

También nos hemos creído obligados a hacer amplias referencias a las obras menores[1] para aclarar ciertos aspectos del arte creador de don Eugenio. El calificativo *menores* sólo alude a la extensión de estas obras, puesto que algunas son verdaderos alardes literarios e intelectuales, sorprendentes aciertos narrativos que por su modernidad podrían hoy figurar entre las más destacadas obras de ficción del siglo veinte. Pensamos, por ejemplo, en relatos tales como "La muerte de Isidro Nonell", donde, ya en 1902, se manifiestan casi todas las características estético-estilísticas que desarrollará D'Ors a plenitud en sus novelas y que pormenorizamos en nuestro capítulo dedicado a su método de narrar.[2] El concepto de *lo angélico,* que el escritor define por primera vez orgánicamente en *La Bien Plantada,* parece animar su producción literaria desde su origen mismo, presidiendo el proceso creador y guiando al Maestro hacia su meta única de lograr dentro de la mayor serenidad, la *obra bien hecha.*

De sus piezas de teatro hemos incorporado en nuestro trabajo ciertos comentarios que nos han parecido oportunos sobre

---

[1] Nos referimos, entre otras, a *La muerte de Isidro Nonell, Tina y la Guerra Gran, Magín o la previsión y la novedad, Historias de las Esparragueras, El sueño es vida, Aldeamediana* y *Eugenio y su demonio.* Las fichas bibliográficas completas se dan en nuestro estudio cuando se hacen referencias específicas a estas obras.

[2] En "La muerte de Isidro Nonell" el mensaje estético es claro: el artista que capta en su obra lo torvo de la realidad sin trascenderlo, es devorado por ella. Teniendo muy en cuenta esta lección, D'Ors se nutre de la realidad, en el plano literario, sólo como punto de partida para la creación de un universo superior, pulcro, en el cual, como un Dios verdaderamente eficaz, deja el autor la huella de su implacable voluntad ordenadora.

Guillermo Tell y, en una ocasión al menos, sobre el *Nuevo Prometeo encadenado.*

Varios libros han de resultar indispensables a quienes deseen tener una visión global de la variadísima obra de Eugenio d'Ors. Entre ellos: *La filosofía de Eugenio D'Ors,* de José L. Aranguren (Madrid: Ediciones y Publicaciones Españolas, S.A., 1945), *Eugenio d'Ors. Obra y vida,* de Enric Jardí (Barcelona: Aymá, S.A., Editora, 1967), *Eugenio d'Ors, crítico literario,* de Andrés Amorós (Madrid: Editorial Prensa Española, 1971) y *El combate por la luz. La hazaña intelectual de Eugenio d'Ors,* de Guillermo Díaz-Plaja (Madrid: Espasa-Calpe, S.A., 1981). El libro de Andrés Amorós ofrece, al final, una impecable bibliografía de obras de D'Ors y sobre D'Ors. En inglés ha aparecido un estudio de Pilar Sáenz titulado *The Life and Works of Eugenio d'Ors* (Troy, Michigan: International Book Publishers, Inc., 1983). En las notas de los capítulos que siguen en nuestro texto, encontrará el lector, además, abundantes referencias bibliográficas que le permitirán ampliar sus estudios sobre don Eugenio y, en particular, sobre su obra creadora.

Las novelas de D'Ors han sido estudiadas, por lo general, muy sucintamente. El propósito que nos ha llevado a la preparación de este libro ha sido mostrarlas como las singulares, complejas y profundas obras de arte que son, dentro del marco de la novelística de nuestro tiempo, e iluminar al lector que se aproxime al sorprendente —*sorprendente* por lo que tiene de esmerado simbolismo y de eficacia narrativa—, sereno y, a la vez, apasionado orbe creador de Eugenio d'Ors.

En honor a la universalidad, hemos empleado aquí las versiones castellanas de todas las obras publicadas originalmente en catalán.

D'ORS Y SU MÉTODO
DE NARRAR

En su novelas, Eugenio d'Ors emplea, entre otros muchos, los recursos técnicos que encomia en sus "Notas sobre la novela"; a saber: la "discontinuidad", la creación de "cuadros estáticos contemplados con estática complacencia, pero no sorprendidos en su dinámica sucesión", una "técnica del pintor" realizada "en el espacio, con un mínimo de inscripción en el tiempo" y, como corolario, la falta de un verdadero "desenlace".[1]

Imbuido del espíritu *novecentista* que tan bien definiera[2] el escritor, su empeño no es crear un nuevo género literario, sino despojar a la novela de taras románticas, patetismo, sorpresas dramáticas, desarrollo cronológico y soluciones a los conflictos, aquellos ingredientes que encontraríamos —según D'Ors mismo observa—[3] en la novela rusa. Por evitar lo puramente anecdótico, D'Ors trata de convertir a sus personajes en categorías o símbolos. Lo que surge de esta visión estética es una curiosa forma narrativa que cae a menudo, más que en ningún otro caso anterior o contemporáneo suyo —pensamos en D'Annunzio o Valle-Inclán— casi tanto dentro del ámbito de las artes plásticas como dentro del de la literatura.

Ningún ejemplo resultaría más claro para entender la actitud de D'Ors ante la novela que el que nos ofrece Ortega y Gasset en *La deshumanización del arte*. Allí, como se recordará, al

---

[1] Citamos por Ricardo Gullón y George D. Schade, *Literatura española contemporánea* (New York: Charles Scribner's Sons, 1965), págs. 409-410. La presente cita corresponde a *Juliano y San Pablo* (1928).

[2] Véase el epígrafe "D. Lo angélico. El novencentismo", en nuestro capítulo sobre *La Bien Plantada*.

[3] Ricardo Gullón y George S. Schade, *Literatura española contemporánea*, pág. 410.

referirse a las actitudes de la esposa, el médico, un periodista y un pintor ante la agonía de un hombre, anota cómo la distancia espiritual del hecho, en la esposa, es mínima, y en los otros tres es progresivamente mayor. El médico, aunque interviene en el hecho, lo mira como un caso profesional. El periodista se limita a ver lo que ocurre para relatarlo después. El pintor observa indiferente; su actitud, puramente contemplativa, es resultado de su alejamiento. Menciona también Ortega a un sicólogo, quien, al pensar en Napoleón, se desentiende humanamente de éste para poder analizarlo.[4] La posición de D'Ors es a la vez la del periodista, la del pintor y la del sicólogo. La "deshumanización", el distanciamiento de que habla Ortega se puede aplicar a D'Ors sin reservas en cuanto a su actitud hacia muchos de sus personajes; D'Ors toma distancia porque con ello evita que sus protagonistas se conviertan en un simple trasunto de la realidad, de manera que al contar, eleva lo anecdótico a un nivel significativo superior, a categoría, pero sin perder *jamás* de vista el suceso o el personaje que anima o da origen al símbolo. Lo que consigue D'Ors no es, a fin de cuentas, ni pura anécdota ni mera categoría sino *la categoría de la anécdota.*[5] Todo esto es el co-

---

[4] [...] Resulta, pues, que una misma realidad se quiebra en muchas realidades divergentes cuando es mirada desde puntos de vista distintos [...] El medio más claro para diferenciar los puntos de vista [...] consiste en medir una de sus dimensiones: la distancia espiritual en que cada uno se halla del hecho común, de la agonía. En la mujer del moribundo la distancia es casi mínima [...], no la contempla [la escena], sino que la vive. [...] El médico se encuentra ya un poco más alejado. Para él se trata de un caso profesional [...], lleva en ello alguna responsabilidad y acaso peligra su prestigio [...] Pero mientras que la profesión del médico le obliga a intervenir en el suceso, la del periodista le obliga precisamente a no intervenir; debe limitarse a ver [...] el hecho [...] que luego ha de relatar. [...] Por último, el pintor, indiferente, no hace otra cosa que poner los ojos *en coulisse* [...] Su actitud es puramente contemplativa. [...] los grados de alejamiento [...] significan grados de liberación en que objetivamos el suceso real, convirtiéndolo en puro tema de contemplación. [...] El punto de vista humano es aquel en que "vivimos" las situaciones, las personas, las cosas. [...] Al pensar en Napoleón, lo normal es que atendamos exclusivamente al grande hombre así llamado. En cambio, el psicólogo, adoptando un punto de vista anormal, "inhumano", se desentiende de Napoleón y, mirando a su propio interés, procura analizar su idea de Napoleón como tal idea. [José Ortega y Gasset, *La deshumanización del arte* (Madrid: Ediciones de la Revista de Occidente, 1970), décima edición, págs. 27-32.]

[5] La simbiosis de categoría y anécdota queda así establecida en esta frase que sirve de título ("D'Ors o la categoría de la anécdota") al capítulo VII del libro de Rafael Florez sobre D'Ors. [*D'Ors* (Madrid: EPESA, 1970), págs 111-112.] Florez, por cierto, se limita a la formulación del concepto, pero no desarrolla el tema en su estudio.

lofón de una profunda visión del arte en general. Para D'Ors el arte, según resume José L. Aranguren, "no debe convertirse nunca en *imitatio,* en servidumbre de la naturaleza, en copia naturalista".[6]

En *El sueño es vida,*[7] su novela breve de 1922 construida a base de los sueños que tiene la joven protagonista, el escritor desempeña, justamente, la función del sicólogo a que se refería Ortega. D'Ors logra así crear verdaderos "cuadros estáticos" sin dar mayor importancia al carácter de "sucesión" de los acontecimientos y evita dar a esta obra, que tiene todas las características de diario de sicoanalista, un desenlace. Si bien hay allí, en los sueños, personajes activos (uno de ellos, el Dr. Augusto, es *alter ego de* D'Ors), no llegan a adquirir un papel coherente en la débil y confusa trama que los sueños hilvanan.

Mediante su "alejamiento", D'Ors capta la realidad de sus personajes como algo *contemplado* más que *vivido;*[8] esto le permite darles la objetividad plástica que al buen crítico de arte que es también, le resulta tan querida. Esta inclinación suya hacia lo plástico, hacia lo "dibujístico", es un rasgo que marca casi toda su obra creadora. Aranguren define muy bien el ideal estético de la obra de D'Ors cuando anota que:

> El pensamiento "dibujístico", "geométrico", de Eugenio d'Ors, lo mismo que el pitagorismo y la metafísica de Platón, reposa en la unidad armónica del Orden mate-

---

[6] José L. Aranguren, *La filosofía de Eugenio d'Ors* (Madrid: Ediciones y Publicaciones Españolas, S.A., 1945), pág. 75.

[7] "El sueño es vida", *La novela semanal,* Publicaciones Prensa Gráfica, Madrid, número 52, año II, 8 de julio de 1922, págs. 8-63.

[8] Ortega y Gasset habla de "realidad contemplada" y de "realidad vivida" en *La deshumanización del arte.* Véase en la edición citada la pág. 30. En relación con la idea de contemplación y acción, Aranguren anota:

> Eugenio d'Ors hace suyas aquellas palabras del *Ensayo sobre el Catolicismo, el Liberalismo y el Socialismo:* "Entre las personas que yo conozco, y conozco a muchas, las únicas en quienes he reconocido un buen sentido imperturbable, y una sagacidad prodigiosa, y una maravillosa aptitud para dar solución práctica y prudente a los más escabrosos problemas... son aquellas que han vivido una vida contemplativa".
>
> El mejor "contemplador" —que no puede ser el absolutamente solitario— es también el mejor "actor", el mejor hombre de acción.
>
> [Aranguren, *La filosofía de Eugenio d'Ors,* pág. 24]

mático y la Belleza suma [...] El puro geometrismo se ilumina con claridades estéticas originando una forma de pensamiento, un "estilo", que puede calificarse de geométrico-estético. El ideal orsiano es el de la "ciencia como arte" —secuencia de la teoría de la belleza como dimensión de la verdad[9].

Quizá se pueda hablar de *estilización* en cuanto al tratamiento que da D'Ors a sus personajes. Para Ortega *estilizar* es "deformar lo real, desrealizar" y "estilización implica deshumanización".[10] Ya en 1905 D'Ors establecía, en uno de los relatos ("Gárgolas") de *La muerte de Isidro Nonell,* su incipiente idea estética del arte:

> Quisiera como los artistas humildes de otrora, tomar la imagen de alguna cosa familiar, estilizarla, deformarla, enroscarla, darle irrealidad turbadora o grotesca y que así y todo, aún corriese por su interior la frescura divina de las aguas del cielo.[11]

D'Ors iguala *estilizar* y *deformar.* Sin embargo, tan sólo en teoría se asemejan los dos escritores. Como se verá en los textos estudiados aquí, D'Ors, aunque siempre se empeñe en ser fiel al principio que establece del arte, prefiere no imponerlo plenamente, ya que en muchas ocasiones su *estilización,* lejos de lo que contemplara Ortega un buen número de años después de la temprana formulación orsiana, es en verdad un modo de insistir en los rasgos característicos de sus personajes, con lo cual estos no pierden, en definitiva, su *humanidad.* Lo que consigue el narrador es una visión depurada y altamente selectiva de ciertos aspectos de la realidad. Así, otorga a veces a sus protagonistas una calidad plástica, visualmente acartonada, que los hace parecer "inverosímiles". (El "acartonamiento" es, por otra parte, puramente visual, porque las pasiones, aunque presentadas desde la perspectiva "distanciada" del autor, nunca faltan.)

El método de D'Ors es, además, el polo opuesto de lo que preconizaba Ortega con respecto a la novela, pues para éste el mayor error estriba en "el definir el novelista a sus personajes";[12] la estilización de D'Ors tiene que efectuarse, por su pro-

---

[9] Aranguren, *La filosofía de Eugenio d'Ors,* págs. 29-30.

[10] Ortega y Gasset, *La deshumanización del arte,* pág. 38.

[11] *La muerte de Isidro Nonell* (Ediciones de "El Banquete", 1905), pág. 69.

[12] José Ortega y Gasset, *Meditaciones del Quijote. Ideas sobre la novela* (Madrid: Espasa-Calpe, S.A., 1964), pág. 166.

pia naturaleza, en primer lugar mediante definiciones, aunque el método orsiano es mucho más complejo. A la vez que estiliza tiene que cifrar en sus personajes una carga simbólica para convertirlos, parcialmente al menos, en categorías.

De momento nos interesa revisar el procedimiento de D'Ors para estilizar los rasgos físicos de algunos personajes. Para ello el escritor se vale muchas veces de descripciones de precisión pictórica profesional. En *La Bien Plantada,* por ejemplo, sobresalen los pasajes sobre la figura de Teresa:

> Tiene la Bien Plantada un metro ochenta y cinco centímetros de altura. De los pies a la cintura, un metro veinticinco; sesenta centímetros de la cintura a la cabeza. En torno a esta inicial desproporción se agrupan, en el resto, las más acordadas proporciones.[13]

Con igual meticulosidad describe después el escritor el pie, los tobillos, las rodillas, las extremidades y el tronco de la Bien Plantada. Comparando, para ser más obviamente plástico aún, sus ojos, no con el cielo, sino con *"el cielo de una lámina astronómica* tal como lo hallamos en los atlas o en los libros que se ocupan de la materia''*,* escribe en otro sitio:

> Así presentada, la comparación no ha de tenerse como metafórica, sino como óptica y rigurosamente literal. Aquel verde pálido y brillante de la litografía; aquellos puntos azules, blancos o encendidos; el misterio de aquellas parábolas en líneas de construcción; aquellas pequeñas zonas, diversas y precisamente coloridas; y, en fin, la emoción que produce, emoción grandiosa, extraña y serena a un mismo tiempo, todo se halla reducido a unidad y compendio en los ojos de la Bien Plantada.[14]

Estas descripciones que podríamos llamar de *métier* pictórico sirven no sólo para presentar personas, sino también lugares o cosas; son notables, en *Oceanografía del tedio,* las que se refieren a "La bombilla eléctrica" o a "La pared blanca".[15] En

---

[13] *La Bien Plantada; Gualba, la de mil voces; Oceanografía del tedio* (Barcelona: Editorial Exito, S.A., 1954), págs. 14-15.

[14] *La Bien Plantada,* págs. 25-26.

[15] Puesto que el carácter dibujístico de ciertas descripciones en *Oceanografía del tedio* va íntimamente ligado al *modo* narrativo, y ambos, a su vez, al sentido más profundo del libro, retomamos este asunto por separado en nuestro capítulo sobre *Oceanografía del tedio* en el epígrafe titulado "Los modos de escritura". Sugerimos al lector que tenga muy en cuenta esas páginas para completar la visión que mostramos en la presente sección.

Lidia de Cadaqués, la protagonista y el sitio donde se encuentra forman una suerte de composición de paisaje y figura:

> Lidia había aparecido sentada en una piedra. Parecía de ella formar parte. En la masa enorme que formaba el conjunto, tardábase en distinguir que ella estaba ahora flaca. Todo era gris, color de la piedra misma. Todo, greñas, ropas, manos. Cruzadas éstas sobre el vientre, que seguía tan ancho. En el gris, una mancha, dos puntos de vivo color.[16]

En cuanto a pasajes de orden especializadamente pictórico, debemos recordar, de modo señalado, el sueño de Lidia donde se describe, como veremos, una famosa pintura.

Ahora bien, la estilización o categorización a que nos hemos referido se aplica igualmente a los rasgos morales de los personajes. En *La Bien Plantada* se hacen resaltar la caridad de la protagonista, su distracción, su dificultad en ruborizarse, etc. En *Gualba, la de mil voces,* se ponen de manifiesto los sentimientos del personaje masculino, que D'Ors cuida bien de seleccionar (en lo selectivo estriba, a fin de cuentas, el proceso de categorización). Lo mismo ocurre en *Oceanografía del tedio, Sijé* y *Lidia de Cadaqués.*

Sin embargo, D'Ors se ve imposibilitado de plasmar íntegramente en todas sus obras más importantes de creación, su visión estética contemplativa y distanciadora. Creemos esencial hacer aquí algunas referencias a una pieza de teatro, *Guillermo Tell,* para ver cómo se acerca D'Ors a la tarea de *desrealizar* en un texto que, por su naturaleza, lo obliga a lo anecdótico, a "contar" una historia con desarrollo y solución. Sin duda *Guillermo Tell* y *Lidia de Cadaqués* son las dos obras que presentan a D'Ors mayor dificultad para aplicar su idea, por la indispensable continuidad del drama, en la primera, y a causa de la complejidad inherente al género de la novela, que ensaya a cabalidad, en la segunda. En el caso de *Lidia,* lo "normativo" del género acaba por imponérsele, a pesar suyo, llevando a D'Ors a la renegada continuidad y, mal que lo quiera, al aborrecido desenlace. Pero esto no quiere decir que Lidia sea pura anécdota. Aun en *Lidia de Cadaqués* encontraremos la anécdota categorizada y Lidia, la raíz-madre, vendrá a funcionar en ciertos

---

[16] *Lidia de Cadaqués* (Barcelona: José Janés, Editor, 1954), pág. 150. En lo adelante incluimos entre paréntesis el número de página en el texto al citar de esta obra.

niveles narrativos como el símbolo de tantas cosas que también es.

Para "distanciar" a los personajes en *Guillermo Tell,* D'Ors se vale de un recurso distinto al de su "elaboración pictórica", de difícil realización en el teatro: los protagonistas (Tell, Gertrudis, su mujer, y Gualtero, su hijo) son seres alucinados. El objetivo del alejamiento, de la contemplación, se logra mediante la poética "enajenación" de los personajes y el uso de símbolos.

Téngase en cuenta, por lo demás, que la pieza no está concebida como un "todo" poético. Los personajes secundarios hablan de un modo natural, a veces altamente prosaico. Véase, como ejemplo del contraste, una escena donde, después de llamar Gertrudis, junto a la reja de la cárcel, a su hijo preso, Pablo el Jabalí trata de hacerle ver la realidad:

> GERTRUDIS: ¡Un poco de luz! ¡Una antorcha, un fulgor, un relámpago, un poco de luz!... ¡Vea yo en la profundidad de este pozo, siquiera un segundo! Gualtero, Gualtero mío, dime algo, una sola palabra, un grito, para que tu madre pueda oírte!

> PABLO EL JABALI: (Agarrándola por el brazo y apartándola bruscamente de la reja.) Vamos, mujer. Apártate de una vez de aquí. Esto no dirá nada. A lo mejor, ni siquiera el niño está dentro y resulta que tú les vas echando a las ratas lágrimas y discursos. [...]¹⁷

Algunos parlamentos de los personajes centrales son verdaderos poemas en prosa donde encontramos aliteraciones y hasta un marcado ritmo interior. Al principio de la pieza habla Guillermo Tell. Nótese el fluir poético del texto:

> GUILLERMO TELL: (Acariciando la cabeza del niño.)
> ¡Cabeza de niño!
> ¡Cabellos suaves,
> fresca piel,
> cabeza de niño!
> ¿Qué guardará dentro
> tu soñar?
> ¿Qué pájaro loco de ilusión
> agita sus alas en cárcel tan estrecha?

---

¹⁷ *Guillermo Tell* (Valencia: Editorial Sempere, 1926), págs. 82-83.

Pero, hasta en esta cárcel
puede caber la libertad
cuando los ojos se han cerrado.
Más estrecha es todavía
tu patria, niño mío,
que ni siquiera en sueños
puede volar...
Duerme en paz,
duerme y sueña.
Duerme y sueña,
mientras los ojos doblemente cerrados
de tu infancia y de tu reposo
te hurtan la visión de los hierros
de esta miserable cárcel
donde todos vivimos. [...][18]

En *Lidia de Cadaqués* y en la pieza teatral que nos ocupa, D'Ors incluye sueños de los personajes llenos de imágenes visuales (como los que constituyen la totalidad de *El sueño es vida*) para introducir elementos de la fantasía, pura imaginación, que le permiten romper hasta cierto punto la necesaria continuidad de los hechos *reales*. En *Guillermo Tell* leemos:

EL NIÑO: ¡Qué sueño tuve, padre!... ¡Qué bien! Parecía que me encontraba en el cielo.
GUILLERMO TELL: Sonaban las campanas en el anochecer, y el canto de las campanas filtra en el sentido adivinación de cosas celestes.
EL NIÑO: Veía una luz como un oro nuevo. Y espadas brillantes que resplandecían.
GUILLERMO TELL: El sol, al descender, hería tus ojos cerrados. [...]
Cuidado, niño mío, que el soñar espadas suele ser señal de combates.[19]

Tales imágenes visuales (luz de oro nuevo, espadas brillantes que resplandecen, el sol que en el sueño hiere los ojos cerrados del niño) son semejantes a las del último sueño de Lidia.

En *Lidia de Cadaqués* el autor incluye sólo un sueño, el primero (hay cuatro en total), como parte del fluir de la narración, encadenando el acto de dormir de Lidia que la lleva a soñar, con los hechos que acontecen en la trama de la novela antes y des-

---

[18] *Guillermo Tell*, págs. 15-16. Ordenamos a nuestro parecer las líneas formando un poema para facilitar al lector mantener el ritmo en su lectura.
[19] *Guillermo Tell*, págs. 17-18.

pués. Tales hechos adquieren, gracias al sueño narrado, un sentido más preciso; Xenius está a punto de marcharse y Lidia sueña con una sombra: augurio de la oscuridad espiritual en que, con la partida del joven, ella va a quedar. El carácter de *paréntesis* es mucho más marcado en los tres sueños restantes de Lidia, que se agrupan en la Tercera Parte de la obra, por no estar sincronizados con el devenir de la trama. D'Ors, para no incluirlos *convencionalmente,* como el primero, los antecede de preámbulos explicatorios de cómo llegaron semejantes intimidades de Lidia a sus manos. Con esto D'Ors trata de convencernos de que si cae en lo anecdótico, no lo hace por voluntad propia sino porque debe ser fiel a los documentos palpables que tiene en las manos y que se ve obligado a utilizar para la reconstrucción completa de la historia del personaje. Mediante la objetividad y la veracidad que trata de dar a los tres sueños, pretende hacer creer que escribe crónica o biografía, y se defiende por anticipado de las acusaciones que se le puedan hacer de *novelar,* por mantenerse dentro de los cánones por él establecidos para su método de narrar.

Las explicaciones introductorias específicas a cada sueño, por otra parte, no resultan convincentes. El ''Sueño de las cabras'' es poco probable que haya llegado al narrador con tantos detalles a través de aquellos que supuestamente se lo oyeron contar a Lidia. El ''Sueño del payaso'' se encontró ''escrito a su modo, después de su muerte entre los papeles de la vieja'' (130). El ''Sueño de la Sixtina'', ''fue ella misma quien se lo contó a Xenius, cuando aquella ascensión a San Pedro de Roda'' y ''dijo que lo tenía escrito y que ya se lo mandaría'' (133); nada más improbable, en aquel brevísimo encuentro en que la dificultad del ascenso y el viento del lugar hacían difícil la conversación, aparte de que, según refiere la novela, estaban rodeados de otras personas del grupo y Lidia casi no hablaba. Anota D'Ors que ''muchos sueños tuvo Lidia en su cueva y, efectivamente, se encontró después alguno escrito en los papeles metidos dentro de su ejemplar podrido de *La Bien Plantada*'' (128). Se preguntaría el amante de la rigurosa documentación biográfica: ¿Hubo quien tirara a las llamas los andrajos de Lidia, un pañuelo, una sotana, sus libros y sus trastos, según leemos (185-186) y tuviera la curiosidad de identificar como sueños unos apuntes de la vieja dentro de uno de los libros y de quizá salvar o leer alguno de ellos? No. La obra está de principio a fin bajo el dominio creador del escritor y los preámbulos a los sueños sirven únicamente para dar a la novela la objetividad apuntada. Los recursos técnicos empleados por el escritor son parte de un finísimo juego para dar un aire original a su obra ya que, a fin de cuentas, es *novela* y no *ensayo* lo que escribe.

El último de los sueños de Lidia es el más plástico de los tres: en él se enfrenta el lector a una pesadilla realmente pictórica:

> Lo primero que caracteriza el tal sueño es, ¿cómo decirlo?, una especie de color común, un fondo, pardo y azulgris, así el de una pintura; una atmósfera... De este fondo emergen tres o cuatro monstruos, un gigante fornido y desnudo, en actitud como de ir a soltar una bofetada, pero sin soltarla nunca [...] La pobre Lidia en su cueva de Cadaqués, había simplemente soñado la Capilla Sixtina. (134-135)

Los otros dos sueños de la Tercera Parte (el de las cabras y el del payaso) son marcadamente simbólicos, como el de *Guillermo Tell* transcrito aquí, y producen una demora en la continuidad de la trama a la vez que crean un especial aire de misterio o irrealidad buscado por D'Ors como elemento distanciador. Esta técnica distanciadora del sueño que aparece como profecía mágica en *Guillermo Tell* y como proyección del inconsciente en *Lidia de Cadaqués,* corresponde a los paréntesis narrativos que D'Ors titula ''Pausa o Intermedio'' en *La Bien Plantada* o el ''Episodio de Magdalena, amiga de la Bien Plantada'', también en esta novela.

En *La Bien Plantada,* las interrupciones en forma de relatos interpolados muestran, como buenos apuntes de dibujo, bosquejos de varios tipos humanos que se relacionan de un modo u otro con el personaje central. Como se verá, la función de estos apartes aquí es algo distinta a la que tenían los sueños en las obras tratadas. Y es que en *La Bien Plantada,* particularmente, D'Ors no necesita en realidad del paréntesis para estilizar o dar carácter de símbolo a Teresa porque, de entrada, D'Ors nos hace ver el personaje de la joven como una abstracción, ''figura'' descifrada por un minucioso crítico de pintura. Teresa habrá de ser, esencialmente, símbolo de la raza catalana, la perfección espiritual, la pureza, la igualdad, la Unidad, el centro de la comunidad civilizada (la cultura mediterránea a la cual pertenece implica en perspectiva histórica el gran centro civilizador de Occidente), aunque el símbolo se le escape al escritor de las manos (tal vez demasiado a menudo) y lo convierta en anecdótica mujer. La visión que *pretende* darnos D'Ors de Teresa es la de un ser cuya inmaterialidad vence a la realidad concreta de la persona. Desde el principio de la obra estamos conscientes, como lectores, de la alegoría. Por eso los "excursos" poco añaden a la significación emblemática de la obra, aunque esclarezcan, eso sí, facetas del personaje *total* que D'Ors hubiera querido crear y ciertos aspectos de su pensamiento. No sobran tampoco estos "apartes" desde el punto de vista de los propósitos novelescos de D'Ors; constituyen en sí unidades que amplían las posibilidades de la contemplación estética, son "cuadros" que se suceden como los de una exposición, islas de un archipiélago azarosamente separadas y conectadas por las aguas abisales del espíritu.

Lidia es, por el contrario, un personaje que realmente ha existido, y esto se le antoja a D'Ors una dificultad que tiene que resolver. *Lidia de Cadaqués* es un caso singular: es la única novela que tiene un argumento complejo. En las demás, la trama (cuando la hay) es, usando palabras de Ortega, "sólo pretexto y como hilo solamente que reúne las perlas en collar".[20] Ni en *La Bien Plantada* ni en *Oceanografía del tedio*[21] cuenta D'Ors una historia. En *Gualba, la de mil voces* prima "anormalmente" el ejercicio literario-intelectual sobre el asunto: relación de una situación edípica —atracción del padre por la hija, y viceversa, que tiene fin cuando el fuego (claro símbolo) los salva del incesto—. En *Sijé* el argumento es tenue: la narración sigue de cerca las actividades de varios hombres excursionistas y la chica que se les une, durante una vacación de verano. Aquí hay, por cierto, momentos de gran tensión y hasta desenlace, pero el autor usa el formato del "diario de viaje" para restar "dramatismo" a la narración. La joven Sijé, por otra parte, categoría (es sirena, pez, mariposa) y anécdota a la vez, desaparece tal como llega, sin pena ni gloria, sin afectar para nada la vida de sus transitorios compañeros de viaje.

Como hemos visto, por tener que atender a la historia, en *Guillermo Tell* D'Ors no tiene otro remedio que ceñirse a la continuidad cronológica de los acontecimientos, aunque trate de al-

---

[20] Ortega y Gasset, *Meditaciones del Quijote,* pág. 169.

[21] En *Oceanografía del tedio,* obra escrita en la segunda década del presente siglo, D'Ors se anticipa mejor que en ninguna otra de sus novelas al "objetivismo novelesco" de Robbe-Grillet. Si se tiene en cuenta que las novelas importantes del francés no aparecen hasta la década de los años cincuenta, D'Ors se nos revela como un verdadero innovador.

terar en lo posible este condicionante, con la potenciación lírica de los personajes principales y el aire de poética irrealidad en que los envuelve. En *Lidia de Cadaqués* cae, como nunca antes, en lo más típico del género novelesco. Es en esta obra donde más artificios ensaya para tratar de hacer creer al lector que no es convencional novela lo que escribe. Ya sabemos, según apunta Andrés Amorós, que D'Ors desdeña "todas las novelas modernas en que los personajes obran impulsados por fuerzas inconscientes, misteriosas, confusas, que los zarandean de acá para allá como a hojas secas movidas por el viento".[22] No obstante este rechazo, en *Lidia de Cadaqués* la *vida* del personaje es tan azarosa y tan poco sujeta, aparentemente, a fuerzas conscientes, que el autor decide ajustarse al molde tradicional de la novela, aunque no sin imponer sus acostumbrados elementos quebrantadores de este *orden* narrativo.

Lidia es un personaje básicamente vital. A contrapelo, D'Ors no quiere permitir que la realidad del personaje y de la trama lo dominen. Puesto que Lidia —esposa de pescador primero, viuda después y vieja acusada de bruja al final— no puede ser elevada fácilmente, durante el desarrollo anecdótico de la trama a la categoría de "ente poético" (como había hecho con los protagonistas de *Guillermo Tell*), D'Ors la "reduce" a la fuerza y la convierte, si no en retrato, en estatua al menos.[23] Recuérdese nuestra cita donde aparecía Lidia formando un todo con la piedra donde estaba sentada. Al marcharse Xenius, Lidia queda como petrificada. El tiempo pasa. D'Ors la describe: "Esta mujer es una estatua. Lleva, apretado contra su seno blando, un frasco de miel" (56). En otra ocasión se nos presenta Lidia impávida, inerte, ante el paso del tiempo:

> Los hijos de Lidia no saben leer. Van enmudeciendo, también ellos, cuando al curso de las estaciones sucede el de los años. Pronto éstos se cuentan por muchos. Todo sigue igual. Lidia está inmóvil, asomada a su portal entreabierto, desafiando las contingencias, como desafía las murmuraciones. Así, inmóvil, derecha —secreta y reveladora—, Lidia parece un monumento. Lo es. (64)

---

[22] Andrés Amorós, *Eugenio d'Ors, crítico literario* (Madrid: Editorial Prensa Española, 1971), pág. 39.

[23] El carácter estatuario está también presente en varios de los personajes de *Sijé:* la joven Sijé es como estatua de sirena a veces; Panzini es "coloso de bronce" y tiene "un carácter inexorablemente estatuario" [*Sijé* (Barcelona: Planeta, 1981), pág. 71], etc.

Como representante de la justicia que es, Lidia es vista también cual "viva estatua de Némesis" (41). De nuevo llama D'Ors a la pescadora "Lidia, el monumento" y "eterna mole", aludiendo a la perpetuidad de su combate contra la inequidad. Su marido se ahorca después del breve encarcelamiento por el incendio —del cual se le acusa injustamente— donde muere la madre de él. Tras un largo encierro, la imagen de la estatua emerge de nuevo:

> Ya alta noche, abre, por fin, su puerta y en ella se planta, como antes, derecha, firme, con los pies muy separados. (93)

Esta calidad de estatua que le asigna D'Ors parece ser la que permite a Lidia pasar el tiempo que sigue al suicidio de Nando sin llorar hasta que por fin esa noche llora —algo que no había vuelto a hacer desde el incendio—. Este proceso inverso al de la metamorfosis de Níobe (quien pasa del dolor a la piedra) en definitiva "humaniza", paradójicamente, a Lidia.

Como todos los personajes de D'Ors (excepto por los de *Guillermo Tell*), Lidia es en sus pasiones, por otra parte, siempre comedida y, a veces, hasta insensible, con frialdad de estatua:

> Cuando le comunicaron que a su hijo mayor, detenido en Rosas, en un ataque furioso de locura, habían tenido que llevarlo a un manicomio, casi no manifestó interés por el asunto. (126)

En otro lugar de la novela, cuando unos niños le tiran piedras a la vieja, tampoco reacciona:

> Señor, había que ver a Lidia lapidada. Había que ver a la anciana cubierta de harapos, en la cabeza, despeinada ya, la ceniza de sus cabellos, huir miserablemente agachada, ser alcanzada por una piedra que la cobardía lanzó desde lejos, tropezar, doblarse, caer y quedar tendida así, entre rocas grises, al sol de julio.
>
> Cuando al atardecer se llegó alguien para socorrerla, y en la cueva la entraron y allí revivió, Lidia no habló palabra. Tampoco, antes, al consumarse la prueba, nada había dicho, ni gritado. (142-143)

Así nos va contando don Eugenio, paso a paso, la historia de la vida de Lidia, a quien vemos perder su marido, su casa, irse a vivir a la cueva de los gitanos, soñar con la riqueza de la mina de radio que ha descubierto uno de sus hijos, encontrar accidentalmente a Xenius cuando era ya una vieja, y morir en un asilo al final. Puesto que D'Ors se ha acercado más que nunca al tipo de novela que abomina, se cree en la obligación de justificarse. En el texto mismo escribe:

> Yo voy contando la verdadera historia de Lidia. Y por esto, porque esta historia es verdad, tiene sentido. Esta vida no es una novela; y, menos, una novela de aventuras. Si pudiésemos poner a tal lectura, ofrecida, una condición de acceso, escribiríamos: "No entre quien sea curioso". Aquí no hay pase a la curiosidad. Aquí sí hay un endeble soporte de anécdota. (164-165)

En un breve capítulo titulado "La máquina o lo maravilloso", D'Ors se defiende también contra cualquier imputación que se le pueda hacer de dejar que su personaje sea bamboleado por fuerzas inexplicables introducidas por el autor. Niega, así, la participación en la novela del *deux-ex-machina*:

> Se aludía, bajo tal etiqueta, a la intervención protagónica de un elemento sobrenatural en las acciones humanas...; la narración fidedigna de los destinos terrenos de Lidia de Cadaqués da poca entrada a esta fuerza. Apenas si se filtra en algún instante. (193)

Ahora bien, paradójicamente, tres días antes de la muerte de Lidia, un viento inexplicable, *mágico,* que no parecía cosa *de este mundo* ni permitía a las gentes o a los muros tenerse en pie, había llegado misteriosamente para lamentar con sus aullidos la presentida muerte de la "sibila".

El "desenlace" en esta obra es, pues, la muerte del personaje. El afán de D'Ors de evitar el efecto sorpresivo o de carga emocional del fin es, en esta novela, tanto como en todas sus obras narrativas de cierta extensión, muy notable. Por eso, a la muerte de Lidia siguen en la novela el mencionado capítulo sobre "La máquina o lo maravilloso" y un epílogo que tratan de apagar cualquier emoción que pueda haber producido en el lector la muerte del personaje. Quizá porque D'Ors quiera que sus narraciones de algún modo reflejen el estatismo del momento preciso en que vivimos, tal vez porque cada instante es para él la renovación de otro anterior, deje el autor un poco en el aire al lector, quien se empeña siempre en buscar al conflicto una solución que en realidad no existe. Nadie mejor que el propio D'Ors para postular esta idea central de su obra creadora:

> Toda novela es conducida por el autor a un desenlace, el cual, a menudo, es, por cierto, un enlace, un "efectuado enlace". [...] Pero en la vida no hay desenlaces. [...]
> No; la vida no conoce desenlaces. Toda solución en ella es, a su vez, un problema. Y toda satisfacción, un deseo.[24]

Las novelas de D'Ors, pues, excepto por *Lidia de Cadaqués,* son, por lo que tienen de estático, como pinturas o esculturas; carecen de principio y fin bien marcados. Puesto que conflictos y desenlaces sólo pertenecen al reino de la novela convencional, lo que trata de hacer D'Ors para apartarse del método trillado es crear pinturas de vida, algo así como fotografías que captan un instante del tiempo que pasa (o muchas fotografías reunidas), llevando consigo en un incesante encadenamiento, problemas, y soluciones, y más problemas. La vida, el existir colectivo, no tiene desenlaces, mientras que una novela sí. Es por eso que sus narraciones, más que *novelas,* se podrían ver, por su propósito, como obras narrativas de carácter plástico que permiten la distanciada contemplación.

En el método narrativo escogido por el autor para novelar hay, por otra parte, ciertas ambivalencias, contradicciones, que nos dedicaremos a analizar con detenimiento para determinar con cuánta exactitud quiere D'Ors cumplir siempre con sus preceptos. Qué ejemplo más claro de lo que venimos sugiriendo que el personaje de Alfonso en *Gualba, la de mil voces.* Es cierto que allí se le critica negativamente su tara romántica y con esto se crea de él, en cierto modo, un símbolo; pero, irónicamente, la novela toda es la romántica historia de su pasión desmesurada donde, hasta el nombre mismo de Alfonso (por Lamartine), determina su modo de ser y de vivir. Bien miradas, estas obras tienen también estremecimientos y desenlaces, sólo que D'Ors los desvirtúa y logra desplazar la atención del lector hacia la categoría o la abstracción. A estudiar cada una de ellas teniendo en cuenta este carácter del sistema orsiano, dedicamos los siguientes capítulos del presente libro.

---

[24] Ricardo Gullón y George S. Schade, *Literatura española contemporánea,* pág. 410.

LA BIEN PLANTADA

I. *Anécdota y Categoría*

A todo lo largo de *La Bien Plantada* (1911) D'Ors insiste en el carácter simbólico de Teresa, emblema de la raza catalana, la pureza, la perfección. La crítica ha puesto, por lo general, gran énfasis en estas significaciones de la protagonista y son ellas, posiblemente, las más sobresalientes. Pero el aspecto "realista" (más que *real*)[1] del personaje ha sido notado y comentado, al menos, por Azorín, quien elogia profusamente esta primera novela de D'Ors. Afirma Azorín que "en Teresa ha querido modelar Xenius una figura simbólica y real a la vez" y añade que "no es

---

[1] No nos importa lo *real,* lo puramente biográfico, puesto que sería imposible determinar hoy qué mujeres específicas sirvieron a D'Ors de modelo para crear su personaje. Cuenta D'Ors como "todo el mundo quiso averiguar cuál era el modelo, que servía al autor para sus descripciones" [*Lidia de Cadaqués* (Barcelona: José Janés Editor, 1954), pág. 49]. Y Teresa, según hace D'Ors explicar a Xenius en *Lidia de Cadaqués,* es reunión y síntesis de muchos tipos:

> Al Rafael le preguntaron un día cuál fuese el original cuya belleza copiara en la figura de esta virgen ["La Madona Sixtina"]. Y él contestó: "Ninguna mujer y muchas. La frente la saqué de Laura; los ojos de Lorenza; las manos de Beatriz; el talle, de una panaderita..." Así hago yo. Lo de Teresa es una historia que cuento. Los detalles son extraídos de aquí y de allá. [*Lidia de Cadaqués,* pág. 50]

Un poco después, Xenius reconoce que tal vez haya en Teresa detalles de la pescadora Lidia Nogués. [*Lidia de Cadaqués,* pág. 50] La técnica de resumir en un ser o en un ambiente otros muchos, según hace D'Ors con Teresa y el pueblito mediterráneo donde ocurre la acción de *La Bien Plantada,* se repite en las narraciones y breves ensayos agrupados bajo el título de *Aldeamediana.* Allí también el "resumen" es elevado a la categoría de símbolo. Escribe D'Ors: "[...] varios modelos, han dado material a las descripciones de esta "Aldeamediana" [...] la media por la cual Aldeamediana adquiere valor de símbolo". [*Aldeamediana* (Madrid-Barcelona: Ediciones de la Gacela, 1942), págs. 7-8.]

27

posible en lengua catalana expresar un más perfecto consorcio de romanticismo y clasicismo".[2]

Lo que parece tan razonable a Azorín y tan obvio al lector, posiblemente haya constituido uno de los más serios conflictos estéticos a que se enfrentara D'Ors durante su larga carrera literaria. *La Bien Plantada* es el resumen ideal de lo que queremos hacer notar. Para plasmar en el personaje femenino el clasicismo, la armonía, la razón que la Teresa-símbolo debía tener, D'Ors dejaría de lado las *fallas* que para él tenía la típica novela romántica y el desarrollo anecdótico. Esto equivalía a despojar a su personaje de vida propia para que se moviera en un ámbito puramente emblemático. Y no obstante, a pesar de los esfuerzos del escritor, comprobamos, al leer el texto detenidamente, que el personaje como símbolo puro surge sólo una vez, en el sueño de Xenius, al final de la obra, cuando Teresa se presenta como aparición fantasmagórica en los jardines de la Villa d'Este en Tívoli. Este recurso (calificado por Enric Jardí de *fallo* y de *ridículo*),[3] culminación o síntesis de todas las previas proposiciones simbólicas de la obra, resulta algo forzado, pero en él vio D'Ors la posibilidad de asentar sus ideas que, de otro modo, por habérsele hecho su personaje demasiado realista, parecían escapársele. Debemos precisar aún más. En verdad, el personaje no "se le hace realista" entre las manos; lo que ocurre es que en su afán de novelar, D'Ors se deja llevar *conscientemente* (como el que tolera una incipiente embriaguez deleitable espaciando las copas sin llegar a caer nunca en el sopor que nubla los sentidos) por la veracidad que va logrando en su Teresa. Y por no destruir a este personaje que ha creado, lo deja vivir, desarrollándolo de un modo lógico. El sueño final nos da a la Teresa que debió haber deambulado por todas las páginas, según la idea original del escritor, y no la que en efecto deambula. Tanto se enamoró D'Ors de Teresa que, sin despojarla de los símbolos esenciales que debían armarla, le dio imperfecciones, la hizo vulnerable y le buscó hasta un novio que se la lleva al fin del pueblito junto al Mediterráneo donde veranea.

Las clásicas perfecciones de Teresa van acompañadas de un buen número de imperfecciones patentes. El pie de Teresa es

---

[2] Azorín, *Obras completas,* Tomo 2 (Madrid: Aguilar, 1959), Segunda edición, pág. 1035.

[3] Enric Jardí, *Eugenio d'Ors - Obra y vida* (Barcelona: Sociedad de Estudios y Publicaciones, 1967), pág. 127.

"fino y viviente",[4] las "rodillas redondas, poderosas y perfectas" (15), el busto "lleno de dignidad" (15). Sin embargo, el físico de Teresa no es irreprochable. Para comenzar, al describir D'Ors las medidas de Teresa, "un metro veinticinco" de los pies a la cintura y "sesenta centímetros" de la cintura a la cabeza, ya se refiere a la "inicial desproporción" (14) de la joven. Cierto es que, para atemperar este problemático comienzo añade que "en torno a esta inicial desproporción se agrupan, en el resto, las más acordadas porporciones" (14). Pero nos engaña D'Ors, porque las cosas no son exactamente así. Además del cuerpo desproporcionado, sus tobillos, tal vez por las medias blancas que lleva, "parecen un poco anchos" (15). El tronco, a pesar de su tipo "helénico", y aunque se aviene a las modas sueltas del momento, "habría pecado de excesivo en 1909" (15). Afirma el narrador que "las manos de la Bien Plantada no las alabaríamos por aristocráticas ciertamente, que anchas son y un poco bastas"(15). El busto, aunque digno, no está "exento de cierta apariencia de fatiga" (15). La cabeza de Teresa, si no fuera por la suntuosa cabellera que la compensa "se juzgaría un poco pequeña" (15). D'Ors alaba la "ancha maravilla" de la nuca, pero ésta "tiene en el centro una prominencia leve, debida acaso a que el rápido crecimiento de la doncella la ha habituado al vicio de bajar un poco la cabeza" (16). Un buen número de páginas más adelante nos habla el autor del defecto principal del personaje, antes de dedicarse a las perfecciones de su andar, su mirar, su voz, sus palabras, sus gestos. Escribe: "Hemos dicho que existía en el cuerpo de la Bien Plantada una central falta de canon: es demasiado alta su cintura" (30). Y en otro lugar compara la nuca de la Bien Plantada con la de una de sus amigas. En la comparación sale Teresa muy "mal parada".[5] Escribe: "Si la nuca de la Bien Plantada es ondulante y como *vencida*;[6] la de ésta es victoriosa. Y llana, sólida y blanca como un bloque de sal" (46).

---

[4] Citamos por *La Bien Plantada* (Barcelona: Editorial Exito, S.A., 1954), pág. 14. En lo adelante indicamos en el texto, entre paréntesis, el número de página si la cita ha sido tomada de esta edición.

[5] Resulta curioso que se haya prestado tan poca atención a estos rasgos tan notables. Hasta ahora se ha buscado primordialmente en Teresa su calidad de perfección, la que le da el carácter de símbolo. D'Ors es muy efectivo tratando de convencer al lector sobre ese aspecto de la naturaleza del personaje que le interesa destacar. Pero es imposible ignorar todo lo demás, todo *lo otro* que Teresa también es como ente novelesco.

[6] Las cursivas son nuestras.

Lo único que no hace D'Ors es recuento de defectos como lo hace de cualidades positivas porque no es lo primero su propósito. De esto nos ocupamos nosotros. Los *peros* a las virtudes físicas de Teresa son tantos que no es posible pasarlos por alto. Mirando esta faceta de la *simbólica* (entiéndase la ironía de estas cursivas) Teresa, hemos de verla como una joven desproporcionada, de manos anchas y bastas, tobillos gruesos, tronco excesivo, busto de apariencia de fatiga y cabeza pequeña que muestra una prominencia en la nuca *vencida* de andar bajando un poco la cabeza, algo encorvada.

A riesgo de repetirnos, por puntualizar, volvemos a nuestra proposición. Creemos que la caracterización ambivalente de Teresa responde al interés de D'Ors en no exagerar su virtudes para mantener la verosimilitud: una verosimilitud que nos fuerza a poner en tela de juicio su intención, por todo lo demás tan recalcada, de crear figuras *absolutas*. Es a causa de este sentido ambiguo del personaje, quien se hace básicamente realista, que molesta un poco al lector que Teresa se convierta de buenas a primeras en sueño, en abstracción casi, y se muestre a Xenius dándole una lección estética en los jardines de la Villa d'Este. Podemos entender que Jardí califique este recurso de *ridículo*, a menos que se vea en él el modo de concretar el propósito y la función del personaje. Resulta, por otra parte, sumamente irónico e inexacto el comentario de D'Ors en el prólogo a la edición en castellano de *La Bien Plantada,* de 1954:

> Mis narraciones están limpias de suceso y mis criaturas de ficción lejos de ostentar los huesos ni la carne, son como Teresa, quien tan armoniosa la tuvo, esta carne y los huesos tan en su lugar, que emularlos no pudiera ni la mejor construida de las estatuas. (5)

Creemos que todo lo apuntado sobre el físico de Teresa desvirtúa la afirmación de D'Ors. Si esto fuera poco, existe en la novela un largo pasaje dedicado nada menos que a la *fisiología* de Teresa. Con esto D'Ors se aparta más aún de la categoría para acercarse a la anécdota. Las categorías (las abstracciones) ni comen, ni duermen, ni se ruborizan, ni tienen novio. El darle un novio a la Bien Plantada, según el propio escritor nota, aleja a éste, tal vez demasiado, de su propósito inicial. Confiesa D'Ors en el texto mismo de la novela que "La Anécdota ha devorado la Categoría" (94), lo que equivale a decir que la pasión ha triunfado sobre la razón.

El problema radica, insistimos, en que D'Ors nada entre dos aguas porque Teresa debe ser Categoría —así al menos lo pregona el autor a los cuatro vientos— y no es más que Anécdota llevada por fuerza al encasillamiento de Categoría de donde se escapa a cada instante. Tanto énfasis ha puesto D'Ors en su estética y en sus advertencias, que muchos lectores han buscado y visto sólo el símbolo y han ignorado lo demás. Por otra parte, haber caído en lo puramente anecdótico, haber *novelado* demasiado, le habría impedido a D'Ors comentar, "filosofar" si se prefiere, sobre temas de la tradición catalana que le resultaban tan queridos y que constituían una buena parte de su ideario. De ahí que Teresa, su primer ser de ficción importante, se convierta en un personaje híbrido, mitad anécdota, mitad categoría. Más o menos. Sería imposible establecer porcientos exactos y no creemos que esto tenga, en definitiva, la menor importancia.

Las seis secciones dedicadas a la fisiología de Teresa son de las más anecdóticas de la novela. D'Ors llega inclusive a emplear el recurso de presentar al personaje de ficción como ser real, desvirtuando completamente su carácter de emblema. Tan de carne y hueso es esta Teresa, que aparece leyendo ella misma una de las anteriores glosas de Xenius dedicadas a ella donde se la comparaba, como símbolo, con un árbol. Teresa, al leer aquellas páginas, se ruboriza. El autor convence así al lector de que Teresa *no es un emblema* si resulta ser *tan real* que el propio escritor ha podido observarla leyendo algo que sobre ella él ha escrito. La inclusión de un rasgo tan realista muestra, de nuevo, la ambivalencia de géneros que D'Ors emplea. El hecho de que Teresa, o una mujer específica cualquiera en quien el escritor se haya inspirado, haya existido, interesa, por otra parte, únicamente a los biógrafos. La identidad de Teresa, el modelo real que sirvió a D'Ors de inspiración, preocupó mucho a los críticos contemporáneos del escritor. Quizá esto haya hecho que la atención se fijara en pormenores puramente, sí, *anecdóticos,* y no en la importancia literaria más profunda de este singular personaje novelesco.

En los fragmentos dedicados a la fisiología de Teresa todo apunta, por cierto, como el título sugiere, a sus funciones más humanas: su salud, sus hábitos de comer, su modo de dormir, su facultad de ruborizarse, su buen cuidado de callar y su manera de distraerse. Termina esta parte con una referencia al novio que, complementando las funciones biológicas de la joven, la convertirá en mujer fecunda.

La reducción de Teresa a funciones vitales o normales ciertamente la empobrecen en su carácter de símbolo. En el capítulo XI de la Segunda Parte de la novela, el escritor observa lo peligroso de que su personaje tenga un novio, puesto que ella es "La Raza" que a su vez es "soberana ecuanimidad", "actitud pacífica", "aquietamiento de pasiones", "platónica esencial". Un novio, pues, vendría a empañar todas estas cualidades de Teresa-La Raza Catalana. Y sin embargo, D'Ors se lo da, por novelar, haciéndola cada vez más humana, más capaz de pasiones, menos platónica, más mujer. Esta Teresa, con sus virtudes y defectos físicos es también una mujer que siente, que desea, y por eso escoge al hombre que al final se la lleva. En esta desaparición final de Teresa creemos encontrar otra dificultad de carácter narrativo que habrá que explorar a su debido tiempo.

Puesto que el autor se ha empeñado en complicar el desarrollo anecdótico del personaje con un novio, se ve obligado después a justificar la existencia del mismo para que no se vaya a perder por entero de vista la categoría. D'Ors trata de armonizar las discrepancias dando una explicación lógica (*su* "lógica") de por qué Teresa, la emblemática, quiere tener novio. Escribe:

> He aquí una mujer que la Raza ha escogido para restaurar la Raza. Y ella cree, naturalmente, que el medio para restaurar la Raza es tener un novio. (83)

En el mismo capítulo donde el escritor acepta, con referencia al noviazgo de la Bien Plantada, que "la Anécdota ha devorado la Categoría", vuelve a las justificaciones. El novio de Teresa no habrá de ser un individuo común; es tan perfecto como ella:

> Hagamos constar, pues, que el novio de Teresa es digno de ella por más de una cualidad. Hagamos constar que es bien plantado también. Esta mujer ha nacido para la Raza y cumple su destino. Y la Raza se restaura sin nosotros, y esto es todo. Y esto es una espantosa tragedia. (95)

Pero D'Ors no nos confunde del todo. Si hubiera tratado a la Bien Plantada como mero símbolo, no habría podido desarrollar ni tema, ni argumento, ni personaje. Cierto es, por otra parte, que si Teresa es La Raza, muy bien podría ser emblema de la misma raza que se renueva mediante la fecundación que habría de principiar por los cortejos de un novio. Pero los artificios del *modo* narrativo son demasiado obvios y uno llega a pensar más bien que el escritor cae, seguramente por determinación propia, en las redes que le tiende la Anécdota.

Y sin embargo, si bien, simbólicamente, el novio de Teresa queda vindicado por ser tan "bien plantado" como ella, anecdóticamente destruye a Teresa como símbolo, haciéndola mujer. Con esto se evidencia la duplicidad significativa del personaje femenino. A tal punto el novio resulta ser una interferencia novelesca, opuesta al sentido emblemático de la obra, que D'Ors titula el capítulo en cuestión, "Donde se consuma la tragedia", y lo dedica al tema que nos ocupa. A menos que entendamos las oscilaciones genéricas del narrador y su rejuego entre anécdota y categoría, nos resultaría del todo inaceptable que el novio fuera, a la vez, la salvación de La Raza, porque ayuda a perpetuarla, y su destrucción. Por dejarse llevar por la pasión, deja Teresa de ser categoría. D'Ors escribe:

> Ahora entre nosotros se ha encendido la guerra, y las pasiones corren, como bestias locas, por la calle. Nuestra Doctora en armonía ya no es; la hemos perdido. Ella representaba la Tradición. Ahora es como si no tuviésemos pasado. (96)

Teresa es, según se aclara en este capítulo, unidad, centro, patria, cultura, civilidad (lo clásico, lo europeo, lo mediterráneo). Al acabar con Teresa como símbolo, el novio destruye todo lo que ella representa. De ahí la tragedia que en este capítulo vemos consumarse:

> Volvemos a ser iberos furiosos, perdiendo nuestro dominio civil de mediterráneos. Volvemos a ser africanos, porque lo europeo, lo clásico que hay en nosotros, sólo el culto a la Bien Plantada puede mantenerlo, acrecerlo y restaurarlo.
> Se ha consumado la tragedia. Todo el edificio de nuestra lenta educación espiritual se fundaba en el régimen de igualdad devota a que Teresa nos sujetaba. Un novio ha sobrevenido: la igualdad se ha roto. Y todo ha vacilado y ha venido a tierra [...]
> [...] Se ha consumado la tragedia, y sabemos todos que ya nada se puede intentar. (97)

El novio *anecdótico* aleja a Teresa del centro veraniego catalán. La joven se pierde para siempre al final de la novela. Pensamos que como símbolo de La Raza catalana, lo imperecedero, lo tradicional, lo autóctono, Teresa debía haber permanecido allí. El final se desvía de lo que como glosa emblemática la narración debía haber sido. La anécdota, una vez más domina la trama, y a tal extremo que, guiado, más por el corazón que por el intelecto, el narrador traspasa las barreras que delimitan la obra creadora para involucrarse afectivamente en la trama. Nos parece que el propio autor —mediante ese juego literario que le permite participar en los acontecimientos— sufre románticamente, al final, la partida de la joven Teresa, por quien la pura admiración semeja convertirse en arrebato de joven enamorado.

II. *La alegoría*

Lo más manido en el estudio de la caracterización de Teresa es verla como alegoría de varios conceptos entre los que sobresale el de La Raza catalana. Teresa es un símbolo multifacético. A lo largo de la obra se presenta como emblema también de perfección, pureza, unidad, tolerancia, etc. No vamos a repetir lo antes expuesto. Tan sólo creemos oportuno entresacar ciertos fragmentos poco o nunca citados en otros estudios críticos de esta obra, que consideramos definitorios de la intención de D'Ors, y ver varios aspectos del símbolo apenas tratados hasta ahora.

A. Teresa es luz.

Teresa surge como luz de un hogar llenando con su presencia y su calor la vida de los que la conocen. D'Ors aquí apunta a varias características de su imagen:

> Mas veréis que por gracia de amabilísimo milagro, la beldad de esta doncella de que os hablaba no ha trascendido a tumulto en torno a ella, sino a serenidad y simpatía. Sí; una mujer hermosa puede ser como un rayo que cae. No así la Bien Plantada, que es como un hogar encendido en medio de nuestras vidas. Y estriba el secreto en su natural mesura y buen juicio. (29-30)

Es curioso que, de las formas de luz, D'Ors escoja la luz de un hogar, que representa a su vez calor, reunión de la familia alrededor del fuego y, en cierto modo, la conservación de la tradición que esto último conlleva. A D'Ors, el intelectual, no parece importarle mucho cifrar en su personaje mayores preocupaciones de la inteligencia. Teresa, aun como símbolo, es una joven normal, una joven-pueblo (aunque, cuidado, no *pueblo bajo*), de buen comer y buen dormir. La aclaración es aquí pertinente porque, usando términos semejantes a los del fragmento recién citado, D'Ors se referirá a la otra Teresa, la que aparece en el sueño de la Villa d'Este, como "un rayo que cae", la *luz* de la inteligencia y la razón, más que figuración de la amable luz del hogar.

B. Teresa es un Ticiano.

Por componer D'Ors su novela de un modo fragmentado para publicarla en forma de glosas, cada capítulo tiene cierta unidad. Pero hay dos segmentos en la obra que sobresalen particularmente en cuanto a su carácter de textos cerrados o completos en sí mismos. Uno es aquel donde se narra el último baño de mar de la Bien Plantada y se compara con la última visita del narrador a la biblioteca Victor Cousin que va a cerrar sus puertas por cuatro meses y a donde sabe, puesto que, como Teresa, ha de partir, que no volverá. El otro es el capítulo que queremos comentar aquí, donde se describe a las hermanas de la Bien Plantada. Los dos capítulos, dicho sea de paso, son, parodiando a D'Ors, "el orden, la razón, la mesura, la delicadeza, hechos escritura": en otras palabras, un alarde intelectual.

Para dar muestras contundentes de cómo en el medio de toda tríada está la perfección, D'Ors parte de una lucubración filosófica. Teresa, claro está, es, de las tres hermanas, la intermedia. Valdrá la pena transcribir aquí tan ingeniosa disquisición con la cual se llegará a la comparación de Teresa con un Ticiano.

> Tres hermanas son en la casa. Teresa es la segunda. La mayor se llama Sara. La más chica, Eugenia.
>
> La razón humana halla un profundo placer en distribuir cada una de las realidades que contempla en tres partes ordenadas. Una a manera de ley debe presidir este placer. Y se deleita más singularmente, y reposa, cuando la ordenación de estas tres partes de tal manera se concierta que la perfección más exquisita e inestable se halle en el centro, siendo la primera una verde áspera sabrosa preparación, y la última, una blandura y exceso, entrados ya en caminos de la decadencia. (44)

D'Ors pasa a probar su postulado indicando las tríadas en distintos campos del desarrollo cultural del hombre o de su historia. Aclaramos y ordenamos, a continuación, algunos aspectos que el escritor deja al entendimiento del lector. En el ámbito histórico D'Ors da como ejemplos, en orden cronológico, los preámbulos que dan lugar a períodos de plenitud, poderío o estabilidad, para terminar con la "decadencia" o el exceso. Así, se refiere a "Esparta, Atenas, Macedonia"; en Roma, a "la Monarquía, la República y el Imperio". En filosofía —y aquí hay interesantes juicios de lo que D'Ors considera perfección y plenitud— el preámbulo va dado por la filosofía "presocrática", la plenitud por la filosofía "socrática" y la decadencia por la filosofía "alejandrina". En arte, durante el Renacimiento, se sigue un curso semejante, pasando de "los primitivos" a "los clásicos" a "los barrocos". En las "grandes teorías ideológicas" se va, nos dice, del "empirismo" al "intelectualismo" al "panteísmo".

La teoría de D'Ors, dicho sea de paso, no es del todo exacta, pues lo que él ve como tríadas son, casi siempre, grupos cuaternarios. D'Ors se refiere al grupo, en la vida vegetal, de "primavera, estío, otoño". Pero omite aquí el invierno, del mismo modo que omite, después del barroco, el rococó. No importa. Su punto de vista queda claro y cumple un propósito muy específico en su narración. Continuando su línea de pensamiento, D'Ors concluye con la tríada inicial que le ocupa: las tres hermanas.

> Pues bien: Eugenia es una preparación a la Bien Plantada, pero todavía con austeridades de orden dórico; Sara es una continuación, pero ya con un blando florecimiento a lo corintio. Eugenia es un Giulio Romano; Teresa un Ticiano; Sara, un Guido Reni. (45)

Una vez más nos lleva el autor a una de sus tan queridas comparaciones pictóricas. Eugenia, como la pintura, los cuadros mismos, de Julio Romano, es "una preparación" o preámbulo de lo que culminará en la obra de Ticiano, quien sobrevive a Romano en treinta años y llega a una mesura de formas y a un lirismo "romántico" (Teresa)[7] que en su precursor eran, si aca-

---

[7] En la página 92 de *La Bien Plantada* se compara a Teresa con la Gioconda. "De Botticelli a la Gioconda", nos dice D'Ors, "hay un progreso en humanidad. Pues la misma suma de progreso y en igual sentido hay de la Gioconda a la Bien Plantada".

so, puros chispazos. Sara, quien parece haber sido pintada por Guido Reni, pudo haber escapado de uno de esos cuadros considerados excesivos por aquellos que continuaban viendo en Ticiano el canon de la perfección renacentista. Viendo a las tres muchachas, se entiende por qué en sus tríadas no llega D'Ors nunca al cuarto estadio. La obra de Reni no cae, de cualquier modo, en imperfecciones, como no caen las tríadas de D'Ors en las imperfecciones del invierno o el rococó. Decir Romano, Ticiano y Reni es como decir Eugenia, Teresa y Sara: tres seres en armonía, complementándose. De tal modo, al ver pasar a las jóvenes, el observador queda sorprendido por la perfección de Teresa, pero también comprende, como anota el escritor para resumir el orden de tan perfecto tríptico, que "cuando a la hora de ocaso las tres se pasean a la orilla del mar, enlazadas por el talle, sentís que pasa ante vosotros algo muy importante y muy rítmico y os parece leer la *Historia Universal* de Bossuet" (45).

El símbolo resulta más sugerente aún si se considera que estas tres mujeres que el autor, en el mismo fragmento, llama *Venus, Minerva y Juno*, "eternos símbolos", se pasean frente al Mar Mediterráneo, el Mediterráneo promotor de cultura y civilización que preside (o alienta) la obra.

C. Teresa es un árbol. (Nuevas descripciones plásticas; arte versus naturaleza).

Desde la perspectiva del símbolo, D'Ors justifica la presencia del novio porque con él llegaría Teresa al matrimonio y a los hijos, al florecimiento de La Raza. Apreciaciones de este orden se encuentran en varios lugares de la novela. En la segunda parte, en el capítulo titulado "De las cosas que la rodean", en medio de varias visiones de perfección y ritmo que nos presenta el autor, aparece una síntesis de todo esto.

Vale la pena revisar con cuidado los pasajes que sirven a D'Ors de preparación para llegar a su objetivo final de mostrar a Teresa-madre como abastecedora de La Raza. Los fragmentos en cuestión constituyen meticulosas descripciones plásticas similares a las que hemos ya valorado en nuestro capítulo inicial. Entre las cosas que rodean a Teresa hay, por ejemplo, una "rueda de las once niñas [que] se desarrolla y desenlaza de una manera numerosa y perfecta. Y la pequeña escena esencial viene a ser colonia de imperio de la Bien Plantada" (50). Otra visión plástica es la de una colina, un árbol, una alquería enana, un carro, dos hombres y un mulo. Tan consciente está el autor de su descripción pictórica que él mismo lo advierte al final. El párrafo concluye así:

> Dos hombres, uno delante y otro detrás de un mulo fino de blancuzca panza, lo van conduciendo poco a poco y en silencio desde el carro a la casa. Esta escena la copia la realidad de una pequeña tabla admirable de Torres García. También la contempla hoy nuestro entendimiento bajo la advocación de la Bien Plantada. (51)

Inesperado e ingenioso recurso éste de suponer que no es la pintura la que copia a la naturaleza sino al revés: los objetos del mundo que rodean a Teresa se han dispuesto de tal modo y con tal precisión que remedan la tabla de Torres García. Pero el juicio implica más todavía: la mano, la voluntad del hombre *es* el origen de una perfección, en este caso pictórica, que la naturaleza puede llegar a igualar miméticamente. O sea, el hombre con su capacidad creadora, organizadora, razonadora, es el único capaz de perfecciones "admirables". El colofón es que el arte supera a la naturaleza. Podríamos pensar hoy día, inspirados por D'Ors y ampliando su concepto, que la naturaleza llegaría a la "perfección" cuando pudiera reproducir un cielo dibujado por El Greco o por Magritte, por ejemplo. El concepto se desarrolla, y a ello dedicaremos particularmente nuestra atención, en *Oceanografía del tedio,* aparte de que el tema de la "naturaleza harmonizada" por la eficacia del hombre, aparece repetidamente a lo largo de toda la obra de don Eugenio.

Después observa D'Ors un barco de vela cuya eficaz armonía le recuerda a la Bien Plantada:

> ¡Mirad qué graciosa y esencial se nos presenta la utilitaria disposición de un barco de vela! Ninguna cosa en él que sea inútil, pero ninguna cosa en él que no sea elegante. (52)

Todo esto lleva a la enumeración de cosas cotidianas de Cataluña, de su historia y de su espíritu; pero entre todas ellas la más importante es sus mujeres, las fecundas mujeres que pueden poblar y dar sustento, con sus hijos, al pueblo catalán. En Teresa, símbolo de la Patria, se reúnen todas las mujeres, todas las Teresas. El novio, el futuro marido, elemento *sine qua non* para la fecundación, viene a jugar, así, un papel fundamental. Por fin leemos:

Pensemos, sobre todo, en nuestras mujeres, desde la Teresa Bou de Ausias March, hasta las Teresas de hoy, como ésta por mí celebrada, hermana y centro y exquisita culminación de Sara y de Eugenia. Porque las mujeres son los palpitantes canales por donde llega a lo futuro la sangre ancestral y toda su gracia infinita. (54-55)

De todas las connotaciones simbólicas que da D'Ors a la Bien Plantada, la más importante tal vez sea su condición abastecedora de hijos para la patria, una matriz eterna que viene de la tradición y lleva a sentarla. En el capítulo X de la Segunda Parte nos dice D'Ors "Del símbolo de la Bien Plantada". Según aclara, la joven es "una lección de catalanidad eterna, de tradición, de patriotismo mediterráneo, de espíritu clásico" (73). Y después, sintetizando, llega a la comparación capital cuando escribe:

El símbolo de la Bien Plantada es un árbol. ¿No decimos bien plantado de un árbol que tiene fuertes raíces en la tierra? Sí, pero observad que las ramas son otras raíces, unas raíces superiores. Por las raíces bajas, el árbol está bien plantado en la tierra. Por las raíces altas está bien plantado en el aire y en el cielo. (73)

Queda así aclarado de dónde le viene a Teresa el mote de Bien Plantada. Desde el título mismo de la novela el concepto del árbol está presente. Esta noción, sin embargo, se complica y se amplía. Las raíces que permiten a Teresa estar "bien plantada" en la tierra catalana sirven para que de esa tierra se nutra y por ellas suba toda la tradición que habrá de esperar en el árbol vivo para ofrecerse:

La divina carne de que está fabricada Teresa bebe la noble savia de todos los muertos de su Raza, que es la nuestra, y de su cultura. (73)

Teresa es árbol inmortal que anulando a la muerte, más bien se nutre de ella transformándola en vida. La joven, con el estímulo germinador del novio, dará hijos. El árbol que ella es, con el impulso vitalizador de los muertos de la Patria (la tradición, la cultura), dará frutos. Y ese árbol está bien afincado en la tierra, es *bien plantado* y como tal, dará una cuantiosa y "saludable" progenie:

La Raza dispone de Teresa para renovarse y florecer y fructificar en cultura nueva. Y es esta oculta atracción, es esta plantación en lo futuro lo que habla por su boca cuando ella dice, casi sin darse cuenta, aquella casta palabra, tan bien dicha y tan de admirar, que desearía haber criaturas suyas.

¡Bien Plantada, Bien Plantada! ¡Porque tienes buena planta, buenos frutos darás! (74)

III. *El sueño de Xenius: doctrina de la Bien Plantada*

A. El sueño es sueño.

El sueño de Xenius *no es vida.* No es, ciertamente, conclusión ni resumen de todo lo anecdótico o realista que aparece con anterioridad en la novela, que es lo que ocupa la mayor parte de sus páginas. Así visto, este sueño poco aporta al desarrollo de la trama y de los personajes. Sí es, sin embargo, recapitulación de todos los rasgos simbólicos adosados a la Bien Plantada a lo largo de la obra y, más importante aún, formulación de toda una doctrina estética del escritor que va desde el repudio de "lo romántico" hasta la definición de dos conceptos cardinales: lo "angélico" y el "novecentismo".

Ya conocemos la opinión de Jardí sobre el sueño, este "añadido" o "excrecencia" novelesca que él, además de tildar de "fallo", califica de "desconcertante episodio místico".[8] El propósito de este sueño, forzado o no, era salvar a Teresa (y la obra) de lo puramente novelesco. D'Ors quiso mostrarse, al final de la novela al menos, fiel a sus criterios, dando *Categoría* a lo que se le había convertido casi en *Anécdota.*[9] Quizá D'Ors perdió de vista que al reunir las glosas que formaban *La Bien Plantada,* el capítulo de "La ascensión de la Bien Plantada", el *sueño* de Xenius, resultaría demasiado abrupto. Pero el pasaje, independientemente, es meritorio por su didactismo, por su proyección universal y por su delicada espiritualidad que permite la comparación, desde el título —"La *ascensión* de la Bien Plan-

---

[8] Enric Jardí, *op. cit.,* pág. 127.

[9] D'Ors comenta que cuando al aparecer las glosas de *La Bien Plantada* alguien decía que no se le entendía, lo que esto significaba era que no se sabía "a quién retrataba". Para que no hubiera lugar a más dudas y quedara su personaje fijado en el carácter de "Nación" o "Raza", "no dejó [el autor] de dar énfasis [...] a un capítulo sobre 'La Ascensión de la Bien Plantada' ". [*Lidia de Cadaqués,* 74-75].

tada''—, entre la aparecida Teresa y cualquiera de las materializaciones de la Virgen María. Guillermo Díaz-Plaja, aunque no entra en detalles, apunta a la universalidad perseguida por D'Ors. El crítico aclara que:

> La sublimación del mito d'orsiano se produce, como es sabido, por la aparición sobrenatural de Teresa, quien para significar la dimensión clásica-universal de su lenguaje, surge ante los ojos de Xenius no en Cataluña, sino en Roma.[10]

B. Teresa o el mito de la Virgen.

Al comenzar a soñar Xenius, ve en un lugar que reconoce como ''las cercanías de la santa ciudad de Roma'' (102) un túmulo en ruinas. Comienza a oscurecer. Los restos de una armazón fúnebre, la hora tardía del crepúsculo que se apaga, y el estado espiritual de Xenius, quien confiesa que ''súbitamente la oscuridad se hizo en mi interior y sentí que un aura fresca me regalaba con la gracia de un gran consuelo'', todo prepara la escena para la aparición de un ser sobrehumano o divino. Según cuentan algunos elegidos, la Virgen aparece en circunstancias semejantes de reposo, penumbra, produciendo ella la luz que antecede a la revelación. Después, en el sueño, Xenius se ve transportado a otro escenario igualmente propicio para la aparición de la Virgen: Tívoli, ''la del verdor y de los placeres, dignificada por tantas gracias antiguas y toda musical por sus cascadas y cascatelas'' (103), y más específicamente, ''en los jardines de la villa de Hipólito de Este, que son, para recordados cuando la fiebre abrasa, los más maravillosos jardines del mundo'' (103).

Queda preparada la escena para la aparición de la Virgen, de Teresa, que viene a ser la misma cosa, ambas sublimación de la pureza y la perfección humana y espiritual (el espíritu de Cataluña en el caso de Teresa). Cuando al fin surge la joven, es la viva estampa de la Virgen: un vestido ''desceñido de cintura'' que tendría más bien aspecto de túnica, ''la cabellera suelta y los pies desnudos sobre la arena'' (103)[11]. Al comienzo de esta descripción, D'Ors la define como ''una divinal figura''.

---

[10] Guillermo Díaz-Plaja, *El combate por la luz. (La hazaña intelectual de Eugenio d'Ors)* (Madrid: Espasa-Calpe, 1981), pág. 295.

[11] Esta visión de Teresa recuerda otras de Sijé, también descalza, caminando en la arena. A pesar de que Teresa es aquí una figura ''divina'', no falta el mismo toque de sensualidad.

Aun en el sueño de Xenius, D'Ors nos muestra el doble carácter, real y emblemático, de Teresa. Como mujer, Teresa habría de caer en la finalidad de su género: matrimonio y reproducción. Esta función propia de su sexo debe ser anulada para que, si tiene que procrear del todo, lo haga divinamente, como la Virgen María, sin necesidad del "novio", de tener pareja. Xenius maquina una solución para asegurar la virginidad de Teresa: hace votos por que Teresa *muera* antes de que llegue a consumarse el acto germinador, y con esto, D'Ors nos lleva a la recreación del mito del sacrificio de la divinidad. Sacrificando a Teresa se crea una mártir que serviría para "nuestra espiritual edificación", la de La Raza. Desde luego que el sacrificio no se lleva a cabo y Xenius hasta se arrepiente de tan avieso pensamiento. Remedando también a un ser divino y bondadoso, Teresa perdona y le ofrece las manos a Xenius, postrado y arrepentido, para que se ponga de pie. Teresa es, en esta nueva encarnación, "pura esencia":

> Era Teresa, y de así mirarla, tan hermosa, inocente y tranquila, se me apretó el corazón y enrojeció mi frente, y un gran arrepentimiento me llenó de lágrimas los ojos: que la víspera había yo tenido malvado pensamiento, como que la deseaba la muerte, por tal que de su personal y concreto existir no se gozara nadie, sino que los discípulos verdaderos pudiésemos seguir en adoración y aprovechamiento de su pura esencia, empleándola toda en la noble labor de nuestra espiritual edificación. Dolor y vergüenza movíanme, pues, a llorar, cuando la amiga se llegó hasta mí y me daba las dos manos para que se las besara, y yo me postraba y conseguía besarle también el pie siniestro, que se había avanzado, fresco y rosado y ambarino, así un capullo de rosa-té. Pero ella retirábalo bajo la ropa y me alargaba otra vez las manos para que yo dignamente me pusiera de nuevo en pie. (104)

C. Xenius, el "romántico".

Teresa se pronuncia en contra del romanticismo, y al hacerlo ataca al mismo Xenius que ha pecado de romántico. Parece que Xenius se deja llevar demasiado por la pasión. Ejemplo de esto es su deseo de que Teresa muera para que no sea de nadie sino de todos. Romántico es cuando siente como tragedia que Teresa tenga novio o cuando cae a sus pies con lágrimas en los ojos. Pasional también es el Xenius que, como ferviente enamorado, sufre la partida de la Bien Plantada, porque *el novio no es él.* Es Teresa, en el sueño, quien hace ver a Xenius sus vicios románticos, al criticar la influencia que inevitablemente ha caído sobre los contemporáneos suyos del romanticismo pasado de moda; con este movimiento se asocian las tachas (accidentes, *pasiones,* "viles anécdotas", fatalidad, etc.) que D'Ors censura en el género narrativo:

> Que no en vano sobre ti, como sobre todo hombre de tu tiempo desgraciadísimo, trabajaron aquellas abominadas fuerzas de descomposición que por mal nombre llamáis romanticismo, y que, como encrespadas olas de revuelta marina, os arrebataron de la roca viva de lo eterno para abandonaros en el ponto de los accidentes y de las pasiones y de las viles anécdotas y de las fatalidades enemigas [...] Loco de aquel que abandona la serenidad, y loco de aquel que deja que el polvillo de las apariencias llegue a empañar el espejo puro de su espíritu, hecho para reflejar la gloria y lo azul y el curso musical de las cuatro lunas y los meteoros maravillosos.
>
> Loco tú, más que ningún otro, si ahora el pequeño accidente de mi existir mortal sabía alterar tu suprema calma y malograba con pasión y trasmudamiento el lento crecer de las semillas que dentro de ti ha sembrado mi aprendizaje para que pruebes a tu vez de verterlas generoso sobre los otros. (105-106)

Vemos, pues, enfrentarse dialécticamente la razón que preconiza la imagen de Teresa y la pasión en que Xenius, aquí personaje novelesco, ha caído. Según le dice Teresa, loco es aquel "que abandona su serenidad". El *pequeño accidente de mi existir mortal,* es decir, la vida física de Teresa en la novela, es la *anécdota* que hace crecer la *pasión* en Xenius. Si por su gusto fuera, Xenius iría a lo anecdótico, a la mujer de carne y hueso que lo seduce. Por eso en esta deliberada *trama* en que D'Ors envuelve a sus personajes, Teresa tiene que manifestarse para poner las cosas en orden. Xenius habría querido ser él el novio porque su debilidad lo lleva a la pasión. En su discurso contra el romanticismo, Teresa lo guía hacia el intelecto y hacia la pureza del símbolo que ella encarna. Importa destacar aquí el hecho de que el escritor no sólo está consciente de las "dualidades" de sus personajes o de las ambigüedades de su género narrativo, sino que explota además *novelísticamente* las dos facetas (realidad/símbolo) de Teresa y que, novelando también, enfrenta a sus personajes en este encuentro-diálogo recapitulatorio, asegurándonos así que Xenius, más que un simple *alter ego* del escritor, es un genuino personaje de ficción con vida propia.

D. Lo angélico. El Novecentismo.

Con referencia a *Introducción a la vida angélica. Cartas a una soledad*[12] Guillermo Díaz-Plaja anota:

> Digamos en seguida que este libro prolonga, en un plano trascendente, aquel mensaje de la Bien Plantada: "Mientras tanto que cada cual desenvuelva lo que hay de angélico en él, esto es, el ritmo puro y la suprema unidad de la vida". Esta doctrina se desarrolla en la *Introducción a la vida angélica*, estableciendo junto a la noción tradicional de la subconsciencia, la de sobreconciencia. La subconsciencia es el ámbito de la bestia; la sobreconciencia, el del ángel. Lo subconsciente es "amorfo"; lo consciente nos da el tipo; lo sobreconsciente, el arquetipo.[13]

Aunque se saldría de nuestro propósito un estudio pormenorizado de la *Introducción a la vida angélica,* debemos evaluar, aunque sea globalmente esta obra, para ver la diferencia entre los postulados de "lo angélico" en ella y en *La Bien Plantada.* Habrá que hacer hincapié también en la importancia de Teresa como "ángel custodio". Veamos.

En la *Introducción a la vida angélica* el *ángel* es definido como "el órgano de satisfacción de la necesidad en que inseparablemente se conjugan la sed de la compañía y el hambre del dominio".[14] En el ángel se concentran esas dos necesidades: compañía y afán de posesión. D'Ors aclara cómo los místicos al convertir al Padre ["Lo esencial del Padre es ser compartido",[15] escribe] en Esposo, hacen de aquel un ser "exclusivo, dedicado, reservado".[16] Pero no todos somos místicos. La figura, la presencia de Dios, tal vez por su magnitud, es a veces elusiva. El ángel, a la manera de los dioses menores de muchas religio-

[12] *Introducción a la vida angélica* (Buenos Aires: Editoriales Reunidas, S.A., 1941).

[13] Guillermo Díaz-Plaja, *op. cit.,* pág. 20.

[14] *Introducción a la vida angélica,* pág. 11.

[15] *Ibid.,* pág. 10.

[16] *Ibid.,* pág. 10.

nes primitivas politeístas, acompaña al creyente y se convierte en un ente de su propiedad. "Angel de la guarda, dulce compañía, no me desampares, ni de noche ni de día", reza la conocida oración que evoca al ángel custodio personal.

Teresa, especie de Virgen, se emparienta también, por el camino de lo divino, con el Angel de la Guarda o el Angel Tutelar. Xenius, en su pasión, lo que quisiera es que la *elusiva* Teresa (elusiva como un Dios misterioso e imponente que escapa a nuestra humana comprensión y aprehensión) se convirtiera en su guía individual, materializando en ella su necesidad de compañía y su afán de pertenencia. Dada la complejidad del personaje de Teresa, si ésta se convirtiera en ángel, dejaría de ser símbolo colectivo de La Raza. El conflicto de Xenius, que Teresa misma le hace ver en el sueño, es, precisamente, que en vez de convertirla cabalmente, como es su deber, en *ángel para todos,* la transforma, quizá sin darse cuenta del desvarío a que lo lleva su pasión, en *ángel custodio personal.* Estamos, de nuevo, en presencia de la plurivalencia significativa que tanto enriquece al personaje femenino. Teresa, como *virgen* que es también, es un *ángel colectivo,* si hacemos caso omiso del conflicto anecdótico o novelesco, porque *es posesión* de La Raza y a la Raza catalana acompaña. Como virgen, como símbolo universal, o como ángel (aun cuando el ángel esté más cerca del hombre a quien acompaña que de lo puramente divino), Teresa es y debe ser, ante todo, una *categoría,* y es esto, a la larga, lo que D'Ors prefiere hacer más obvio.

A partir del concepto religioso primario, D'Ors llega a otro más complejo que atribuye al ángel funciones superiores dirigidas desde el ámbito de la "sobreconciencia". La anécdota que el escritor nos da sobre Rodin ejemplifica esto bien. Al contemplar su obra terminada descubría el escultor que había en ella cosas que provenían de un *genio* que el desconocía y no controlaba y esto lo llevaba a decir: "Yo mismo tengo ahí cosas que aprender".[17] Ese *genio* no es otra cosa que "el Angel de la Guarda". Este *diligente* ángel de nuestra exclusiva propiedad puede, pues, intervenir en las obras humanas, materializándose en ellas. Recuérdese que la *Introducción a la vida angélica* es una obra muy posterior a *La Bien Plantada.* Lo que nos encontramos en el sueño de Xenius no pasa de ser una preocupación del escritor por el tema, un embrión, que crecerá, se desarrollará

---

[17] *Ibid.,* pág. 47.

y, sí, cambiará *mucho* desde su primera formulación en 1911. En *La Bien Plantada* "lo angélico" se resumía en pura *elegancia*, algo que D'Ors definía a su vez como una combinación de "ritmo" y "unidad". Escribe:

> Mientras tanto, que cada uno desvele y cultive aquello que en él hay de angélico, esto es: el ritmo puro y la suprema unidad de la vida; lo que declarado quiere decir: la elegancia. (106)

Y elegancia es, según define D'Ors en el sueño, algo reñido con el romanticismo que detesta:[18]

> Aconsejaron los últimos románticos: Haz tu propia vida como un poema. La Bien Plantada aconseja mejor: haz tu propia vida como la elegante demostración de un teorema matemático. (108-109)

La rectitud del pensamiento que mediante la razón y la inteligencia lleva a la demostración del teorema es la forma de elegancia que aquí se encomia. Toda esta teorización sobre la elegancia que es lo angélico, y viceversa, nos importa, porque es lo que da pie a D'Ors para lanzarse a la formulación temprana de un concepto más complejo aún: el de *novecentismo*.

Será conveniente contrastar la noción que tuvo D'Ors de *novecentismo* durante su madurez literaria con aquella otra, incipiente, que nos llega ya en 1911 a través de la Teresa aparecida en la Villa d'Este. En *Gnómica* D'Ors sintetiza:

> El Novecientos se levantó con estos signos: El esfuerzo por la unidad, contra el gusto de la dispersión.
> Roma contra Babel.
> El Imperio, irguiéndose sobre la crisis de las naciones.
> La política de misión, contra la política de irresponsabilidad.
> El arte de la belleza, contra el arte de la expresión.
> El dibujo, contra la música.
> Las figuras, contra las corrientes.
> La ley de la constancia, contra las leyes de la evolución.
> La autoridad, contra la anarquía.
> El signo del Padre, contra el del Proletario.
> El del Labrador, contra el del Rústico.[19]

---

[18] Véase en nuestro capítulo sobre *Lidia de Cadaqués* el epígrafe titulado "Cabras y Anarquistas. Ultima formulación de 'Lo angélico' ".

[19] Citamos por Guillermo Díaz-Plaja, *op. cit.*, pág. 68.

Como se ve, las bases de lo que D'Ors denominó *novecentismo* contienen una filosofía social, moral y política perfectamente definida. Las repercursiones que los preceptos orsianos tuvieron en la vida del escritor fueron muchas: el rechazo, por ejemplo, de que fue objeto durante los años de Franco, cuando tantos intelectuales y amigos antifranquistas le volvieron la espalda debido a su inclinación hacia la autoridad y al signo "del Padre". Lo que nos interesa no es, a fin de cuentas, señalar pormenores que caen en lo puramente biográfico, sino extraer del texto de *La Bien Plantada* una temprana definición de D'Ors de *novecentismo* que, como se verá, se aproxima sólo remotamente a la otra de madurez que se convertiría en centro de su teoría estética.

En el sueño de Xenius, mientras Teresa habla, va sentando ella las bases de la doctrina; al final le dice a Xenius: "Ve, pues, e instruye a las gentes, bautizándolas novecentistas en nombre de Teresa". Resuminos y dilucidamos a continuación los puntos cardinales que a lo largo del discurso se van entretejiendo:

1. Cultivar lo angélico, que sería equivalente a "cultivar *la elegancia*". La elegancia de la vida es lo esencial para D'Ors.
2. Conservar la serenidad que nunca debe ser turbada. Calma.
3. Primacía de los valores de contemplación.
4. Ironía rica en indulgencias.
5. Majestad.
6. Prudente juicio.
7. Mesura.
8. Fidelidad al sentido de proporción. (108-109)

La filosofía que comienza a sentarse en *La Bien Plantada* es en sí un culto a la inteligencia y a la razón, el *seny,* palabra catalana de difícil traducción, que Enric Jardí define como "forma de pensar según la armonía" y que según él "tiene [para D'Ors] su traducción epistemológica en la 'Filosofía del Hombre que Trabaja y que Juega' ".[20]

Indiscutiblemente, el punto de partida del "sistema" orsiano de 1911 es *la elegancia* que se emparienta directamente con *lo angélico*. Bien mirados, todos los puntos enumerados arriba cabrían dentro del rótulo general de *La Elegancia*. El contenido

---

[20] Enric Jardí, *op. cit.,* pág. 123.

ideológico del sueño de Xenius es, como se ve, muy rico. Más que un "fallo" (al fin y al cabo no es novela convencional lo que escribe D'Ors) es un acierto el haber ideado el modo de formular, mitigando la sequedad estilística del ensayo de ideas, mediante la inclusión de la joven Teresa, los conceptos que más tarde, en otras obras, habrán de precisarse y redefinirse. Aparte de los valores particulares de *La Bien Plantada,* vale también como documento para examinar la evolución estética de su autor.

IV. *La partida*

En el sueño de Xenius, Teresa, al terminar su discurso, parte. Se aleja primero, desaparece tras un bosquecillo, se le ve más alta y, por fin, asciende, remedando de nuevo a la Virgen, al cielo, donde se convierte en estrella, símbolo perpetuo ahora de La Raza. La otra Teresa de carne y hueso, la anecdótica, también desaparece. Hay varios indicios, desde que D'Ors introduce la noción del novio, de que éste se llevará a la joven.

En el capítulo IX de la Segunda Parte, "Donde la Bien Plantada toma un último baño de mar", nos acercamos al desenlace de la anécdota. El capítulo es singular: no trata, como se podría suponer por el título, de Teresa, sino de las emociones de la *persona* narrativa (el Xenius [D'Ors] novelesco) que acude por última vez a una biblioteca que no volverá a visitar. La avidez con que en estos preciosos momentos revisa aquellos "libros aún no desflorados" (72) es igual a la que siente de nuevo el narrador presenciando a Teresa:

> Con análoga disposición de espíritu hemos ido hoy a contemplar, cabe una ola llena de sol todavía picante, pero ya de un frescor otoñal, el último baño de mar de la Bien Plantada. (72)

Y el narrador, que poco después habrá de calificar la partida de *tragedia,* es el joven enamorado que difícilmente puede reprimir su pasión, su ímpetu. La tragedia se le hace especialmente dolorosa porque Teresa es *robada* por *otro hombre.* El símbolo que debe ser Teresa se disuelve y sólo queda la realidad, un cuerpo de mujer que ahora sí valdría la pena medir en centímetros. El desastre es documentado por el narrador cuando la presencia del novio se hace también patente:

La Bien Plantada tiene un novio. La cosa es pública.
Uno de estos días será oficial. Se dice que el día de Año
Nuevo será pedida la mano de la excelsa doncella. He aquí
rota nuestra imagen. He aquí desierto nuestro templo.
La Anécdota ha devorado la Categoría. (94)

El tono de tragedia se acrecienta en el capítulo "Donde unas
sirvientas van a deshacer la caseta de baños de la Bien Plantada". Reina, como en ciertas piezas de teatro expresionista, una
atmósfera que es augurio de lo que va a ocurrir y que crea en
el lector una impresión de pesadumbre [cuán lejos está aquí D'Ors
de su "razonada serenidad" y cuánto se aproxima a los "ro-
manticismos" decimonónicos]: día nublado, triste, mar que parece nórdico, playa desierta, lluvia, viento oscuro, anochecer pre-
maturo (98). Aparte de todo esto, las campanas de la iglesia
repican en esa "hora gris". Se comenta en el texto cómo, el día
anterior, un rayo mató a un niño de cinco años. En algunas ca-
sas se oye rezar el rosario. Impera allí un "silencio de muerte"
que todo lo preside y contribuye, con lo demás, a engendrar el
aire sombrío en el cual será desmantelada la caseta de baños de
Teresa, anuncio de su partida inminente e irrevocable. Quizá el
niño muerto por el rayo pueda ser símbolo, a su vez, de la pureza
de Teresa que habrá de morir. La muerte del niño se ha de igualar a la partida de Teresa. La pureza inherente al niño que muere es semejante a la pureza que ha de perder Teresa al casarse
con ese novio cuya presencia tanto perturba a los jóvenes obser-
vadores (y en especial al narrador) de aquel pueblito mediterráneo. Al final del capítulo, el mar agorero está ya negro. La conclusión mantiene la tónica de marcado fatalismo:

> [...] la voz de las olas se ha hecho más sorda y suspi-
> rante, como el gemir inacabable de un cautivo. El mar gi-
> gante dice de su queja, de aquella queja tan vasta y miste-
> riosa que, aún siendo casi humana, nadie ha llegado a
> entender. (99)

La partida de Teresa lleva la novela al plano anecdótico.
Ya hemos sugerido que al marcharse Teresa (quien, por supues-
to, también es símbolo), Cataluña queda sin su "ángel custodio". Esto se presenta, lógicamente, como un problema que el
escritor tiene que resolver. Por eso, puesto que la Teresa física
se marcha, la trae de vuelta como puro símbolo en el sueño de
Xenius, la convierte en estrella, y la deja permanentemente en
el cielo del Mediterráneo.

Debemos repasar, de todos modos, las implicaciones de la partida de Teresa, aunque con ello, más que dar soluciones al asunto, cuestionemos el propósito de D'Ors. Si hiciéramos caso omiso del capítulo dedicado al sueño tendríamos que preguntarnos por qué se va Teresa. ¿Por qué se marcha esta Teresa que, como quiera que se mire, es símbolo de tantas cosas? ¿Podría ser su partida alusión, un poco pesimista, al abandono en que ha de quedar Cataluña? Si esto es así, ¿nos está dando D'Ors una visión de la *realidad* catalana del momento cuando escribe? Así visto, es posible que la misteriosa o divina Teresa no sea más que *un impulso* que, como los meses de verano, el estío, cambia *sólo temporalmente* la naturaleza —el alma catalana— sin alterar en el fondo su meollo. Un *aire* revitalizador podría ser Teresa que, como el verano cíclico, llega y afecta periódicamente a la naturaleza (al hombre y a su raza) dejando al marcharse las cosas como son, pero permaneciendo, al mismo tiempo, latente en esas mismas cosas que presienten que volverá "a la carga". En nueve meses —período exacto de gestación— volverá ese *aire* para restaurar de nuevo a la naturaleza y a su Raza y establecer su ordenado Imperio. Poco especulamos, por cierto, pues el propio D'Ors sugiere, en el "Epílogo", la calidad transitoria de Teresa cuando anota que "Adorar la viviente imagen de una mujer arquetípica es cosa de un verano único" (112). Aun cuando este particular carácter simbólico que detallamos no fuera advertido en la novela por el lector despreocupado, sí notará el otro más obvio, el que hace de Teresa una estrella, elemento, aunque producto onírico, bien concreto. Así salva D'Ors, a la postre, a su mujer-emblema y apuntala el carácter dogmático de la obra, algo que le resulta tan importante hacer en su primera obra creativa mayor.

V. *Epílogo*

En el "Epílogo" D'Ors vuelve a referirse al abandono de Teresa y ahora ve en Nando el proletario —quien aparece aquí sorpresivamente y será después personaje activo en *Lidia de Cadaqués*— lo permanente de La Raza. En estas páginas D'Ors contrapone la presencia de la Bien Plantada, que es "cosa de un verano único", a la persistencia de Nando, la "continuidad" de su Raza:

Rememos, Nando, rememos, que la noche se nos viene encima y el mar se alborota. [...] Tú me guías, en ti confío, soy tuyo para la vida y para la muerte. ¡Oh Nando, mi bravo pescador, el flaco, el de la cara hosca, el de los ojos claros, el de maravilloso silencio, que nunca has pronunciado siete palabras seguidas y todavía obscuras y enfurruñadas! Tu silencio, ¡oh mi hombre de pueblo!, ¡oh señor mío y mi guía!, ha defendido como un escudo tu pureza, la ha exacerbado como un cilicio. [...] Tú conservas también la Raza y obedeces sus designios también como Teresa los obedecía y las sumisas bestezuelas del Señor, que cumplen las tareas inacabables. Hay en una nación una sola Bien Plantada, pero hay millones de trabajadores silenciosos y esforzados. Adorar la viviente imagen de una mujer arquetípica es cosa de un verano único; pero es preciso remar cada día. Las inspiraciones significan momentos divinos; pero la continuidad representa también una inspiración que santifica una larga serie de momentos. (111-112)

El tema del proletariado, [21] que no se había desarrollado antes en la novela y al cual ni siquiera se había hecho alusión, se presenta en el "Epílogo" abruptamente. Todo tiene su justificación, como veremos, pero este añadido no concuerda ni con el tono ni con el tema de la obra. El "Epílogo" es, pues —y ésta es la justificación— una excusa *a posteriori*. D'Ors sabe que la obra es parcial, porque la Raza de Cataluña está representada únicamente por el personaje de Teresa. La Raza y la cultura de Cataluña son mucho más, puesto que las constituyen los hombres y mujeres que, como el pescador Nando, laboran día tras día. D'Ors, quien ha pasado por alto, posiblemente, este hecho en las glosas que ha ido publicando en forma periódica y que por estar ya impresas no puede enmendar, trata de corregir su omisión (o lo que tal vez consideraría error, quién sabe) con el "Epílogo" que queda como añadido inconexo y hasta trunco. En *Lidia de Cadaqués* tomó D'Ors más el lado del proletariado. Allí es donde encaja bien Nando; en *La Bien Plantada* nada resuelve, temáticamente, este personaje que resta a la calidad e integridad de la obra. Sólo es digno de encomio el fragmento por su *elegante* lirismo.

---

[21] Recuérdese que el sindicalismo proletario fue también para D'Ors uno de sus caballos de pica.

VI. *Las historias intercaladas*

Las historias intercaladas pueden parecer tener, unas, mayor funcionalidad que otras, pero ninguna sobra, según los propósitos novelescos de D'Ors. Existe cierta dificultad, sin embargo, en justificar la existencia de todas ellas como parte orgánica de la obra, y el propio escritor lo advierte cuando al referirse a la viñeta de "El niño salvaje" escribe que "por estar muy lejos del imperio de la Bien Plantada, puede servirnos, un día u otro, como término de comparación y contraste" (56). Y, en efecto, el niño representa un aspecto de la realidad "salvaje", tan opuesta a la "civilidad" de Teresa.

Todas las demás narraciones están dedicadas a tipos femeninos, a una bailadora, a una labriega, a una doncella de cabellos de oro, a una excursionista, a una frívola y a una "parienta de funeral". La intención de D'Ors es crear tipos que complementen a la Bien Plantada. Puesto que él ha creado en Teresa un personaje novelesco verosímil, lo desvirtuaría si la pusiera en situaciones demasiado diversas. D'Ors quisiera poder manejar un personaje o tipo *total* que representara todas las facetas de la vida catalana, incluyendo el proletariado. Teresa no podía dar todos los tipos —ningún ser humano, real o ficticio, puede ser *todos* los seres; ningún símbolo es un símbolo *total,* excepto, a veces, los dioses de ciertas teologías— puesto que en la obra queda fijada como señorita clase media acomodada en un ambiente urbano. Al presentar a diversos personajes, un poco como *divertimento,* D'Ors muestra varias facetas femeninas que no cabrían en Teresa o que, de haberlas tenido ella, la habrían trocado, de ser puro y perfecto, en labriega, bailadora y hasta frívola que peca de inmoral.

Es "Una bailadora" la primera que desfila por las páginas de la novela, apasionada bailadora, impulsiva mujer que sacrificaría la vida por su pasión del baile. A pesar de que el médico, sus padres, su confesor, le tienen prohibido bailar, su destino es bailar. Todo es, además de complemento al personaje de Teresa, un símbolo. D'Ors escribe: "Baila por la misma razón que tú, poeta, escribes versos" (57). La comparación entre la voluntad del escritor, del propio D'Ors (así como la del personaje que va a aparecer luego en *Oceanografía del tedio*), y el baile de la joven, queda convenientemente aclarada.

La segunda figura es "Una colorada labriega" que había sido "una blanca muchacha de servicio". De su vida urbana pasa a trabajar la tierra cuando un hosco labrador se casa con ella. La visión del campo que da D'Ors es de trabajo y orden. Recuérdese que para D'Ors la naturaleza en su rusticidad es puro desorden (desorden que en el plano literario corresponde a la *intuición*). La labriega que nos ocupa va *de la ciudad al campo*, o sea que lleva consigo el germen de la urbanidad, del orden, aunque se convierta en colorada campesina. Este podría haber sido el destino de Teresa, aunque D'Ors la salva para otros fines superiores.

En la siguiente historia dedicada a "Una doncella de cabellos de oro" hay otro mensaje cifrado sobre la doctrina catalanista del escritor. Esta narración es la que mejor se relaciona con la trama de la novela y el personaje de Teresa. La joven está sola tocando el piano. Como en cuadro o fotografía, se le ve de espaldas. Toca un vals que había sido moda en París. La cabellera también tiene "un singular acento de París". Al fin deja de tocar y se acerca:

> Las nostalgias de París, las visiones de París, las bellezas y las fiebres de París, y París mismo, se desvanecen... Habláis con ella. Habláis con ella. Sentís que nada tiene que ver con vuestro fantasear. [...] La artificialidad tiene escaso lugar aquí. Esta es una señorita muy natural. Muy tranquila, muy nuestra. Está prometida. Se casará y será, como merece, muy dichosa... ¡Adiós el ensueño! Se ha ido por las ventanas verdes, volando hacia el azul heráldico del cielo... (61)

Como la Bien Plantada, la doncella está prometida y se casará.

Irónicamente, se nos dice que la doncella es "muy nuestra" y, sin embargo, todo lo que hace y llama la atención tiene acento extranjero y parisino hasta que se descubre su "naturalidad" catalana. El tono francés de la joven catalana es parte de la idea de D'Ors de que lo local debe proyectarse hacia el cosmopolitismo extranjero sin traicionar (más bien mejorando y aumentando) el catalanismo de La Raza, concentrada aquí en esta figura de mujer.

Los dos relatos que siguen se encadenan. El primero nos cuenta de "Una dama excursionista" cuya única pasión es subir montañas y exclamar al llegar a la cima: "Jiiii, Jiiiiii". Es una mujer sensual a quien el viento le pega las faldas blancas al cuerpo, permitiendo que sus piernas se dibujen bajo la tela: esto provoca el deseo de los jóvenes que la observan. D'Ors parece insinuar que en cuestiones tan simples como el amor bastaría el mero acercamiento, un acto que funcione de acuerdo con las leyes que rigen la naturaleza. Pero, puesto que el hombre se desenvuelve en un medio *social* y en él estamos regidos por las convenciones que nosotros mismos hemos creado, ha de atenerse a los preceptos *del juego*. Ya que vamos a jugar el juego de amar, es necesario valerse de las palabras y los preámbulos que anteceden, como en riguroso ritual, al acercamiento corporal. Y he aquí el conflicto de los jóvenes *civilizados* que siguen a la excursionista: aunque se sienten excitados por su primitiva femineidad, se ven imposibilitados de comenzar a actuar, de acercársele siquiera, porque ella no enuncia palabras. Por divertirse, los jóvenes se contentan, enamoradizos e insatisfechos, con gritar a la par que ella: "Jiiii, Jiiiiii..."

> Pero quieren los crueles prejuicios de una sociedad decrépita que para gozar amor sea preciso antes hablar de amor. Y hablar de amor es cosa que debe empezar a media voz, confidencialmente, ¿Cómo insinuarse, pues, con esta mujer que no habla, que sólo chilla "Jiiiiiiii, Jiiiiii" cuando llega a la cumbre de las montañas? (52)

La sensualidad de la joven excursionista es preámbulo de la disipación del personaje siguiente, "Una frívola". Este otro tipo, que Teresa tampoco puede personificar, guarda en su piel "el mal y el pecado, inéditos"(53). No sabemos si la "corrupción" de esta mujer llega a la entrega del cuerpo. Quizá el adjetivo *inéditos* haga pensar que el mal y el pecado están aún sin estrenar. La joven, no obstante, tiene doce novios y es "fábula de la vecindad y de la villa" (54). Pero esta frívola es parte imborrable de la sociedad que rodea a D'Ors, parte también de La Raza. Ella es una de las muchas caras de la mujer. Y D'Ors amante profundo de lo femenino [recuérdese el papel primordial que desempeñan las mujeres en casi todas sus obras creadoras y la ferviente actividad de don Eugenio en "La Escuela de Bibliotecarias"] confiesa que a la frívola *la quiere,* a pesar de su frivolidad, su "poca caridad" y su "repugnancia al dolor y a la muerte".

El último relato sobre una mujer, está dedicado a una "Parienta de funeral", la vieja fiel en la cual, al pasar los años, Teresa se podría convertir. Resulta singular este relato porque es el único que cuenta una historia con su climax, su desenlace su final sorpresivo. Esta mujer se casó por amor, se marchó —como Teresa— y fue olvidada por su familia. El amor la lleva a la pobreza, pero fiel a sus responsabilidades de familia (la patria, lo propio), vuelve a la hora del dolor para unirse a los suyos, ahora cirio en mano, en un nuevo acto de amor y dedicación.

Con el *cuadro* de "El niño salvaje" (más que salvaje, verdadero demonio torturador de murciélagos y mariposas que ni siquiera entiende la lengua hablada) termina esta sección.

El "Episodio de Magdalena" (Amiga de la Bien Plantada) se encuentra también en la Segunda Parte de la novela, unas páginas más adelante. He aquí otro anuncio de lo que en la trama de *La Bien Plantada* habrá de ocurrir. Durante la "Virgen de Agosto" está a punto de salirle a Magdalena un novio. Pero comienza a llover. La lluvia es símbolo de desastre.[22] Leemos que "Una lluvia en medio del verano es como un momento de invierno que nos pone ceniza en la frente" (78). Hay varias referencias a la brevedad del verano que se va y muchas otras sobre la lluvia que "estorba" una fiesta o "estorba" la vida: "Hay en la obscura alcoba de una casa de campo una doncella que llora porque llueve" (79), "la vida es pobre porque la enflaquecen la lluvia y la muerte" (79), "porque un año el día de la Virgen de Agosto, la lluvia estorbó una fiesta". La fiesta se suspende por culpa de la lluvia. Cuando al fin deja de llover, ya es demasiado tarde. En vez del novio que debía llegarle a Magdalena en la fiesta, le llegan tres cortejadores. Pero no es igual. El capítulo que sigue en el libro, el XI de la Segunda Parte, vuelve a dedicarse a Teresa y se titula, no casualmente, "Lluvia y sospecha". Así comienza: "—¡Mira cómo llueve, mira! Es que termina el verano" (82). Es la lluvia ahora, igualmente, presagio de la tragedia que aguarda. En contraste con el novio que no le sale a Magdalena, a Teresa sí le sale. La lluvia, aquí, trae un dolor más profundo, pues, mientras que Magdalena *permanece* en el lugar donde la entretienen los cortejadores, Teresa por el novio *se marcha*. Se complementan así, temáticamente, estos dos capítulos, enlazados y trabados a la trama novelesca por el símbolo agorero de la lluvia.

Las historias de Magdalena y de la doncella de cabellos de

---

[22] Es también la lluvia, con su trueno maléfico, en *Oceanografía del tedio*, anuncio o augurio del cataclismo que se avecina. La lluvia que fuerza al personaje a abandonar su reposo lo devuelve al imperio de la llama del pensamiento donde habrá de arder, o sea, morir.

oro amplían y matizan, en particular, varios aspectos del personaje de Teresa, y todas las historias intercaladas, en general, en-
riquecen estructuralmente la obra que, gracias a ellas, *se mueve*
en diferentes y sorpresivos niveles narrativos. Los relatos interpolados, por otra parte, interrumpen hábilmente el debilísimo
"soporte de anécdota" que tiene la novela creando la discontinuidad que, según apuntábamos, D'Ors consideraba imprescin-
dible en este género literario.

GUALBA, LA DE MIL VOCES

Gualba, la de mil veus, obra concebida como un todo novelesco, apareció en el "Glosari" de 1915.[1] El estudio minucioso de las pasiones que se desarrollan en los personajes, el modo
de analizarlos, y hasta las referencias directas a Freud, nos permitirían clasificar la obra como novela sicológica. Eugenio D'Ors,
sin embargo, en su afán de renovar y modernizar la novela, y,
en este caso, la convencional novela sicológica, crea una obra
que supera los límites de este género, ya que la suya, dentro del
marco del "sicologismo", es también, y no en menor grado, novela filosófica, poemática, emblemática y, al modo orsiano, mo-
ralizante. A esta complejidad de "intenciones" se contrapone
una sorprendente simpleza en el argumento y el número de personajes: un padre, viudo, y una hija, impulsados, ambos, por el
influjo maléfico de Gualba, hacia el incesto. El pueblo de Gualba y el paisaje del Montseny con sus negras aguas que cantan
un trágico miserere con mil voces, sirven de escenario a la trama.

I. *Naturaleza, hombre, romanticismo*

En *Gualba, la de mil voces* da D'Ors por primera vez un
marco narrativo a sus teorías sobre la naturaleza que había pre-
sentado en *La filosofía del hombre que trabaja y que juega*[2] y

---

[1] En 1935 se publicó *Gualba* por primera vez en forma de libro (Barcelona: Llibrería Catàlonia, "Biblioteca Univers", núm. 35). Empleamos aquí la edición en español de *La Bien Plantada; Gualba, la de mil voces; Oceanografía
del tedio* (Barcelona: Editorial Exito, S.A., 1954). Al final de cada cita, en el
texto, indicamos, entre paréntesis, el número de página, por la referida edición.
[2] *La filosofía del hombre que trabaja y que juega* (Barcelona: Antonio López, Librero, 1914). En el capítulo dedicado a *Oceanografía del tedio* nos dete-
nemos en el tema de la "naturaleza harmonizada".

sobre las cuales insistirá en *Oceanografía del tedio,* entre otras obras. La naturaleza virgen de Gualba, abrupta, exuberante al punto de parecer obscena, es el agente que estimula al incesto. Antes de llegar a Gualba, la atracción entre Alfonso y Telina no era más que un simple afecto entre padre e hija, aumentado por la pérdida de la madre. Nada había de anormal ni alarmante en aquel cariño tan sólo subido un poco de tono por la falta del amor materno. Dos cosas ocurren propiciadas por la naturaleza de Gualba este señalado verano: el cariño entre padre e hija se incrementa para volverse una pasión incontenible, y Alfonso toma conciencia de que lo que siente por su hija es una atracción anormal. El primer indicio de todo esto le llega a Alfonso un día de excursión; el paisaje lo lleva a una comparación sensual, erótica:

> En Cataluña, lo propio de los paisajes es más bien lo musculoso y nervudo. Leves vellos de verdor, raras púas de pino no llegan a esconder su desnudez estructural. Pero, en Gualba, se diría que el paisaje está cubierto de mullidos de pluma, como un gran pájaro. [...]
> Visto desde la altura hay en él algo de blando en exceso, algo de corrompido como en una vegetación de lodo. La mirada, saliendo de la seca serenidad de las cumbres, no sabe contemplar eso sin una manera de turbación singular. Un día, en la excursión, al amigo le obsedió tercamente una comparación barroca. "Gualba —se decía—, es la frondosa pubertad del Montseny"... Esta palabra no la dijo a la amiga, es claro. Pero al buscar los ojos de ella, vio que ella, inconscientemente, los hurtaba y los hurtaba también del paisaje de abajo; así alguien sorprendido en la insana curiosidad de alguna vergüenza. (127)

En el siguiente capítulo, donde concluye la excursión, se sugiere una relación entre los futuros acontecimientos de los personajes y la geografía "corrompida": si Gualba es el influjo maléfico y ellos se identifican con este paisaje [aunque en su euforia vean la creciente afinidad entre ellos como algo "claro", o sea, *limpio*], son todos parte de lo mismo:

> Pero ahora ven ellos a Gualba como algo claro, íntimo, como una parte de ellos mismos que se ha quedado abajo. (128)

Desde luego que en este temprano momento de la trama sólo ven padre e hija una pura amistad, "algo claro, íntimo". No obstante, aparte de la marcada referencia a la "frondosa pubertad" de Gualba que coincide, en el plano humano, con la frondosa pubertad de la chica (o, por ampliar la velada insinuación del autor, con la frondosidad púbica de la adolescente-mujer), hay algo más de alegórico en esta excursión que se define así: "Rezongo fue el principio de la excursión y grito admirativo, su promediar: la vuelta es silencio" (128). El proceso "rezongo / grito admirativo / silencio de la excursión" es paralelo al desarrollo de la pasión. Todo comienza sin mayor interés (como rezongando), pero poco a poco despierta el entusiasmo que lleva al grito admirativo, la expresión culminante y *sonante* del sentimiento, para terminar en el horror del silencio [ya que se trata, a fin de cuentas, de un incesto evitado que hace sentir en los frustados partícipes un gran sentido de culpa], silencio que se traduce en soledad.

La amistad que se nos presenta se debate entre la pureza y el amor carnal, aunque es la hermandad lo que predomina al principio:

> Ahora ellos despreciarían más que nunca el "dos de una sola carne" del amor, por los "dos en una sola alma" de la amistad. (128)

El padre mismo, al regreso de la excursión, al ver en Gualba, equívocamente, un signo de pureza, escribe con un lápiz en la pared del portal: "AQUI VIVE LA AMISTAD PERFECTA". Pero todo es un engaño porque Gualba, con su demoníaca presencia, aguarda para dominarlos a su debido tiempo. La pureza de Gualba es ilusoria: en la noche, en las aguas, bajo la vegetación *viciosa,* se ocultan las larvas que lo irán corrompiendo poco a poco todo:

> La misma Gualba se ha purificado en la serenidad del crepúsculo. Ahora deja olvidar que hace un rato su viciosa vegetación, en las entrañas del Montseny desnudo, había sugerido una imagen obscena. Luego será noche y, bajo la vegetación, ya será la negrura y, en la negrura, las misteriosas larvas. (128)

Todo el ámbito natural está plagado de horrores infernales. D'Ors describe Gualba, ora como "viciosa pompa vegetal" (165), ora como "tierra de brujas" (130). Allí cohabitan la tentación y la calumnia (162-163). Gualba, nos dice, "está enferma de ponzoñas. Demasiadas larvas oscuras ondulan cerca del agua negra, en el fondo del torrente" (163). El plenilunio, o cualquier otra belleza natural, observada en Gualba, se convierte en parte del todo caótico. La vegetación es parte del mal porque "el espíritu del mal duerme debajo de los verdores musicales de Gualba" (130). Bajo la vegetación duermen las larvas, y también en las aguas del Gorg Negre, donde las brujas se refugian (130). Gualba destruye a los que caen bajo su influjo. Al viajero incauto se le recomienda: "¡Si eres libre de continuar tu camino, no te detengas!" (163) Toda esta insistencia en los aspectos negativos de Gualba tiene dos propósitos fundamentales: mostrar el carácter caótico y, consecuentemente, *romántico* de la naturaleza no arbitrada, y establecer un nexo entre ésta y el personaje de Alfonso. A lo primero se alude mediante la misteriosa aparición de un hombre nocturno que riega. Lo segundo queda aclarado en el capítulo XV ("El se llama Alfonso"). Veamos detenidamente estos dos asuntos esenciales de la novela.

Alfonso cuenta a Telina relatos de misterio y de terror una noche de viento, de humedad y nubarrones. De repente una sombra humana aparece no muy lejos de ellos, inmóvil. El hombre, cuya presencia hace a Telina lanzar un grito, no era más que un vecino que, según horario inflexible fijado por los habitantes, regaba a las horas que le habían sido asignadas:

> Regaba. Aquella agua loca, que había bajado en cantos y suspiros, ahora la obligaba él a seguir vías ordenadas y delgadas, según reglamento y costumbre. [...] Hay que aprovechar el tiempo y hacer, velando en la soledad, la obra buena. Negrura moviente entre inmóviles negruras, la linfa avanza silenciosa, siguiendo, obediente, las filas de las plantaciones, pomposamente agradecidas, que la reciben con un ligero temblor. (137)

El propósito de la aparición del hombre es obvio: él es quien único pone orden al desorden natural, quien arbitra a la naturaleza. El agua (como el fuego) sirve al hombre sólo cuando él logra dominarla. El agua, pues, se encauza, se somete al riego voluntarioso del hombre, y lo que era cobijo de larvas y de brujas, se convierte en materia benéfica y útil a los huertos. El curioso personaje tiene otro mérito: es un hombre que se ha salido de Gualba, que ha visto "otros mundos", que se ha nutrido de otros paisajes, experiencias y modos, para regresar a su sitio de origen con su nuevo bagaje cultural a *harmonizar* y *ordenar* la naturaleza que lo circunda. El mismo le dice a Alfonso en la conversación que sostienen mientras riega: "Siempre es bueno correr mundo" (138), y cuando se le pregunta que dónde ha estado, comienza una lista que no termina: "—Por aquí y por allá: en Cette, en Perpignan, en Marsella...". Otra vez insiste D'Ors, con esto, como hacía en la historia intercalada de "Una doncella de cabellos de oro" en *La Bien Plantada*, en la idea de que lo local (o puramente catalán) se ha de proyectar hacia lo extranjero o lo cosmopolita para poder volver y mejorar las virtudes de La Raza. Eso es lo que ha logrado, en fin, el hombre que riega. Pero su subrepticia presencia viene también a mostrar el contraste entre los dos mundos. El grito de Telina, el horror por la aparición, es, simbólicamente, expresión de angustia provocada por la irrupción de un agente foráneo y reglamentador en el ámbito del mundo indisciplinado del cual ella y su padre se han hecho parte. Esta agua encauzada, contenida, *racional,* no está a tono con la *pasión* que va desatándose en sus corazones, sobre todo en el de Alfonso.

Alfonso, como el paisaje de Gualba, está regido por el espíritu del caos. Ha sido un hombre sin orden, bamboleado por el destino, como personaje de novela romántica. En la lucha dialéctica de la novela entre razón y pasión, vemos a Alfonso, por primera vez en su vida, tratando de encontrar la disciplina salvadora al organizar y metodizar su plan de trabajo; al acercarse a ella [a la disciplina], se da a entender que en eso estriba la felicidad:

> Nunca había tenido menos ambición ni había realizado tan buena labor, en su doble esfera de actividad, la de los profesionales negocios y la de la dilección literaria. Acaso la profunda felicidad actual le venga de haberse por primera vez trazado unos límites y amado estos límites. (144)

Pero Alfonso está *destinado* al fracaso: su herencia lo condena. Lo condena también el autor, quien quiere crear un estereotipo: Alfonso es romántico nato y, en contraposición al espíritu *novecentista* tan ponderado por D'Ors, alma del *ochocentismo*. Para redondear más aún el símbolo, el nombre de Alfonso le viene por el gran poeta francés, epítome del romanticismo:

> El se llama Alfonso, en razón de haberse llamado así el poeta Lamartine. Escogió el nombre del personaje una

madre criolla, hacia el año mil ochocientos setenta y uno. [...] El hijo había salido a la madre, a la melancolía de la madre. Más sufridor tal vez y más púdico y reservado en el sufrimiento. Y los efectos del veneno romántico, mamado en la leche materna y en las lecturas de la infancia, se han escondido en él, cuando llegaba a los treinta y cinco años— el Ochocientos se moría —bajo un manto de irónica elegancia. (143)

Alfonso es un hombre que nace marcado. Su vida, por ser "romántica", es obligatoriamente caótica: frustaciones, "golpes de fortuna, fatalidades profesionales, rebusca angustiosa de la amistad y del amor", "matrimonio demasiado casual", "años de felicidad aparente, mezclada con decepciones sutiles y, en seguida, la viudez". Después, el descubrimiento de "la potencia de amistad de su hija" (143-144). Esta amistad salvadora se habrá de salir necesariamente de su cauce en manos de un hombre que no ha sido capaz de dirigir su propia vida por motivo de su tara romántica. De igual modo, el plan organizado de trabajo habrá también de sucumbir para dar paso a la pasión y al caos. Y todo está alentado siniestramente por el paisaje "romántico" de Gualba donde los follajes crecen incontrolables y las aguas surgen, saltan y se derraman sin atender a plan o a lógica. En toda aquella confusión sólo hay la voluntad humana del alegórico hombre que riega. El es al caos lo que la cruz (que tantas veces aparece en la novela en la lucha por el bien) es al demonio. Y en la existencia del hombre que riega está la prueba, además, de que es posible dominar la naturaleza (o las pasiones humanas). Pero Alfonso y Telina son seres incapacitados para emprender esta tarea y concluirla con éxito. Telina es, de un modo más que el fisiológico estricto, una proyección de Alfonso. Aunque engañosamente encontremos algunas semejanzas entre Telina y Teresa ["Tel-lina es armonía" (146), escribe D'Ors, por ejemplo, o nos comenta sobre su modo clásico de vestir (120)], el escritor se ocupa de marcar las diferencias entre ambas y las semejanzas entre Telina y Alfonso:

> Tel-lina no representa, ni remotamente, lo que una Bien Plantada [...] Su virtud no está en el reposo, en la calma y en el silencio; sino al contrario, en moverse y hablar. No es escultura, como la ejemplar Teresa, ni arquitectura, como la costa del Mediterráneo. Es música —así Gualba, la de mil voces...—. Quiere decir que un román-

tico, como el hombre a quien su madre había dado el nombre de Lamartine, la preferirá siempre. (146)

Alfonso, en su fracaso inevitable, arrastrará consigo a su hija, sangre de su propia sangre, condenada como él por la herencia romántica que también la anima.

II. Larvas y más larvas

Al final de la excursión, cuando Alfonso y Telina regresan, quedan en la negrura de la vegetación las larvas a las que hace el autor referencia por primera vez aquí; los cuatro capítulos que siguen están dedicados a ellas (IX-"Larvas"; X-"Más larvas", donde aparece la historia interpolada de la "mujer-de-agua"; XI-"Más, más larvas"; XII-"Larvas aún"). Desde este momento las larvas se convierten en importante leitmotiv porque ellas representan el mal que lucha contra el bien, uno de los temas favoritos de D'Ors y, en *Gualba, la de mil voces,* asunto fundamental de la trama.[3]

El capítulo titulado "Larvas", aclara que "Gualba es tierra de brujas" y presenta la pugna entre mal y bien cuando hipotéticamente se lanza la cruz al reino de las brujas, al líquido donde también habitan las larvas:

> Las brujas de Gualba tienen su sábado allá arriba, en el Gorg Negre. El agua duerme, negra, en el Gorg Negre. Pero si con dos astillas hicieseis una cruz y la echaseis al agua negra del Gorg Negre, veríais que el agua arranca un gran hervor y hace un ruido siniestro y se enrosca y espumea. Hasta que salta fuera de ella la cruz, lejos. El espíritu del mal duerme debajo de los verdores musicales de Gualba. (130)

Un importante principio se establece a partir de este comentario y es que el mal, en Gualba al menos, se revuelve y triunfa, como parte de la naturaleza que es, sobre el bien. La cruz es rechazada y cae lejos, impotente. Aclara también el escritor que

---

[3] Muchos años después, al final casi de su vida, en *Lidia de Cadaqués,* D'Ors asocia una vez más el mal con las larvas de Gualba que entonces recuerda: "Alguien también enumerará, imbuído en sacro pavor, las 'larvas' en la etopeya de 'Gualba, la de mil voces'." [*Lidia de Cadaqués* (Barcelona: José Janés Editor, 1954), pág. 45.]

las larvas se alojan en todas partes: en el medio ambiente y en los seres que están expuestos a ellas:

> Hay larvas inmundas bajo los verdores de Gualba.
> Hay larvas inmundas en el fondo del fondo de nosotros mismos. No puede ser la felicidad demasiado perfecta. [...]
> El diablo está celoso de cualquier felicidad acabada. Y las larvas todas están a las órdenes del diablo en los Gorgs Negres de las montañas, en las negras gargantas de nuestros corazones. Y, ¡ay, si las negras gargantas de nuestros corazones escupiesen la cruz! (130-131)

Nos dice D'Ors que aunque las larvas abundan "en las negras gargantas de nuestros corazones", éstos no escupen la cruz, o sea, no la rechazan. La vida del hombre sería un horror si "nuestros corazones escupiesen la cruz". El comentario, que en este punto de la novela aparece casi intrascendente, queda desarrollado muchos capítulos después cuando D'Ors escribe:

> Nosotros, empero, hemos tenido redención. Pero la naturaleza, la pobre naturaleza a nuestro lado, no ha tenido redención y el espíritu del mal se oculta aún entre las aguas informes, como en el primer día del mundo. ¡Miserere!
> Y allí tiene mejor dominio, allí donde la naturaleza es más esplendorosa. Gloria del trópico, esplendor de Nápoles, verdor vicioso de Gualba, la musical: ¡Miserere, Señor, miserere! (179-180)

La creación de Dios consistió de dos elementos básicos: el hombre y la naturaleza. La obra de Dios, según sugiere D'Ors, fue caótica; para redimir al hombre tuvo que venir al mundo Jesucristo. Con su llegada da al hombre el orden y la facultad de salvarse mediante el rechazo del mal. Por eso la garganta del corazón puede aceptar volitivamente la cruz, como píldora benéfica, para salvarse. La naturaleza que no ha tenido redención, sin embargo, no tiene la posibilidad de salvación. No ha venido un Jesucristo para darle el orden que le dio a los hombres. El Jesucristo de la naturaleza es, únicamente, el hombre que a veces, y en la mínima escala que sus poderes físicos se lo permiten, la encauza en el sitio donde se halla. En todo el desorden natural de Gualba, tan sólo el hombre que riega parece hacer algo al respecto. Los demás, en vez de ser dominadores de la naturaleza, son dominados por ella. Puesto que Dios no se ha ocupado del desorden de la naturaleza donde se esconde el mal, es el pobre hombre quien tiene que ocuparse del exorcismo. Y como se ha visto, el mal de las brujas y larvas se oculta en muchas partes, pero en especial en las aguas informes controladas por una voluntad maléfica. Este asunto se va a convertir en el tema principal de *Oceanografía del tedio* (según apuntábamos en nuestro capítulo sobre *La Bien Plantada*), donde el océano será el caos que Autor tendrá que arbitrar. Mientras más virgen la naturaleza, pues, mientras menos haya tenido que ver con ella el hombre, más demoníaca será. El hombre es visto por D'Ors, a la larga, por su capacidad de *harmonizar* la naturaleza, como el núcleo esencial del universo. Y esto nos ha de llevar a una consideración muy problemática: su presencia en el cosmos, aun cuando su origen sea *oscuro* o *siniestro* se justifica plenamente por lo que su función en la tierra tiene de correctora de la obra divina. A este asunto dedicaremos nuestra atención en lugar más oportuno.

Las larvas son, entonces, "los espíritus del mal" que surgen de la naturaleza que Dios ha creado y que necesariamente hemos de emparentar con la serpiente del paraíso. La serpiente no era otra cosa que el demonio enmascarado. Muy al tanto debió de estar D'Ors de todas las acepciones del término *larva* (o *larvado*). Aparte de la significación más simple de *larvado = enmascarado*, existe otra que sin duda tiene en cuenta el autor al poner tanto énfasis en el símbolo. Se llamaba *larva*, entre los paganos, al alma del criminal, del que moría trágicamente, o del que no recibía sepultura. El incesto que está a punto de cometerse, según las leyes de muchos países, es un acto delictivo. En la antigua Grecia habría sido suficiente para prohibir el enterramiento. De haberse producido el incesto, Alfonso y Telina, en aquellos tiempos, bien podían haber quedado sin derecho a la sepultura (verdaderas *larvas*) a la muerte que el incendio, como castigo, tendía sobre ellos. La muerte habría sido, por otra parte, trágica, hecho que los habría convertido, por partida doble, también en larvas. Pero Alfonso, hombre *redimido* a fin de cuentas, despierta a la verdad del horror que como un sonámbulo está a punto de cometer cuando se inicia el incendio. Su capacidad para *tragar la cruz* y llevarla a su corazón le permite, en el último instante de aquel delirio, arrojar las larvas que lo minaban y encaminar su vida (y la de su hija) por las sendas del bien. Pierden, sin embargo, para siempre la felicidad de la amistad que ahora nunca más podrá volver a ser lo que era al principio, cuando se nutría sólo de los sentimientos más puros.

III. *Historia de la mujer-de-agua*

La historia de la mujer-de-agua (capítulos X y XI) es el único relato interpolado que hay en la novela y es, como todos los apartes e interrupciones en las novelas de D'Ors, eminentemente funcional; aquí, quizá, esto sea tan obvio, porque cincuenta páginas más adelante, al final de la obra, se hace una referencia directa al relato y se compara a los protagonistas de la novela con los de la historia intercalada.

La mujer-de-agua es un "fantasma de agua" (131) salido de las aguas siniestras de Gualba. Un labriego se enamora de ella. Se casan, tienen hijos. Todo marchará bien siempre que él no la llame *mujer-de-agua*. Un día, irritado por algo sin importancia, le grita el nombre prohibido y, a pesar de sus ruegos entonces, la mujer, llegada al Gorg Negre, se lanza a las aguas y desaparece. Ella regresa por las noches para ocuparse de los hijos y hacer las tareas de la casa, pero el labriego nunca la vuelve a ver. Las lágrimas que ella derrama sobre el pelo de la hija se convierten en perlas que más tarde le sirven de dote y traen de nuevo la prosperidad perdida a la casa.

La historia, que según apunta D'Ors "la contó D. Víctor Balaguer" (131), es una variación de otras leyendas en las que la desobediencia lleva al sufrimiento y a la perdición. Podemos pensar, ante todo, en el desacato original de Adán y Eva, o en el de Orfeo que al mirar atrás pierde a Eurídice, o en el de Raimundo, quien por ver a Melusina un sábado —el día prohibido— la pierde para siempre. La suerte de Lot y su mujer, aunque los papeles del hombre y la mujer se han invertido, se puede relacionar muy bien con todo lo que ocurre aquí. La desobediencia de la mujer de Lot hace que al convertirse ella en sal, él la pierda. Pero recuérdese que el castigo lleva al propio Lot más tarde al incesto con sus hijas, curiosa semejanza con la trama de *Gualba, la de mil voces*. El autor de *Gualba*, como Dios, advierte al padre y a la hija del peligro latente, del *demonio* que son las larvas [como la serpiente del paraíso o del mundo reptante que en *Lidia de Cadaqués*, tantos años después, aparecerá batallando contra el mundo alado del bien]:[4]

---

[4] Véase *Lidia de Cadaqués*, op. cit., pág. 66.

> ¡Atención! ¡Vosotros los bienaventurados, los del puro
> y tranquilo goce, hija y padre, enamorada y enamorado,
> atención! Hay larvas inmundas bajo los verdores de Gual-
> ba. (130)

Evitar las larvas, desoír el llamado del mal, obedecer las
reglas del bien, permitirán conservar la felicidad. El labriego y
Alfonso no tienen cuidado, desobedecen. El fracaso inevitable
los persigue. La historieta misma, que por su desenlace trágico
podría haber servido a Telina y a Alfonso de aviso de lo que puede ocurrir, no parece servir de nada. Llega, pues, a destiempo,
porque ninguno de los dos ha reconocido aún la anormalidad
en que, por el influjo de Gualba, va cayendo su relación.

Al final del relato se produce una especie de transferencia,
y Telina parece tomar la personalidad de la Mujer-de-agua salida de las aguas negras, personificación ahora ella del mismo demonio que viene a avivar la pasión que consume a Alfonso:

> No, la larga forma extendida en la hamaca, no está
> muerta. Sus ojos están siempre cerrados, en el baño de
> la luna. Pero ha oscilado la mano, colgante. Ha tratado
> de acariciar al padre narrador, tendido entre los rosales.
> Ha encontrado a tientas la cabeza de él y ha enredado los
> dedos, acariciadora, en los cabellos de la frente. (135)

La desobediencia de Alfonso es acercarse demasiado a la
carne de su hija y destruir así la pureza de la amistad, de la unión
perfecta. La funcionalidad del relato interpolado se hace evidente
al final de la novela cuando el incendio separa a Alfonso y a
Telina (tal como se separan la Mujer-de-agua y el labriego) para
siempre:

> —Ahora volveré a emprender solo el largo camino,
> donde ser dos me hizo, unos instantes, tan dulce el andar.
> Se ha roto el encanto, como el del campesino que se ha-
> bía casado con la Mujer-de-agua. El la perdía, por el pe-
> cado de decir su nombre. Yo la perdía, por el pecado al
> conocer el incendio. (180)

IV. *Teoría del "dos". El incesto*

Desde el principio de la novela, los vecinos de Gualba van
desarrollando cierta sospecha (y hasta mala voluntad) hacia aque-

llos dos seres que andan tan juntos y están reclusos en un mundo que parece pertenecerles tan sólo a ellos, donde nadie más tiene cabida. "Los solitarios y las gentes del pueblo y de la colonia no ligan" (150), escribe D'Ors. En una ocasión se da una fiesta en el pueblo y Telina y Alfonso, "haciendo un esfuerzo sobre su displicencia habitual" (150) deciden asistir. Tan acostumbrados están el uno al otro únicamente, que al poco rato de hallarse entre la gente comienzan los dos a alterarse. Ella "empieza a entristecerse en secreto", él "se impacienta en desmesura" (150). A las preguntas de los otros invitados ella responde con el silencio, él con respuestas bruscas. Tan sólo media hora después de comenzar la fiesta se marchan. Ya fuera los dos, piensan: "¡Cuán diferentes nosotros! " Este suceso y esta frase desencadenan una extensa conceptualización sobre la soledad, la compañía y el amor. La teorización no es arbitraria; sirve para explicar los resortes sicológicos que acercan, particularizando, a Alfonso y Telina.

El padre continúa el pensamiento: "Ser diferente es un pecado" (151). Y después concluye la idea con otra que nos recuerda ciertas fórmulas erasmistas: "Ser diferente es un pecado: el castigo se llama soledad".[5] Acto seguido nos da D'Ors su aporte original al concepto cuando Alfonso añade: "—Sí. Pero estar solo, que es un castigo, también es un pecado" (151). El capítulo concluye con esta sentencia.

Todo esto, a primera vista, parece una contradicción. Ser diferente es un pecado cuyo castigo es la soledad. La soledad que es el castigo es a su vez un pecado. Lo primero es obvio: la *diferencia* lleva al aislamiento, no sólo porque el ser diferente sea rechazado por el común de la gente sino porque él mismo se aísla de aquellos con quienes no tiene (perdónese la redundancia) nada en *común*. Un hombre cualquiera no escoge ser diferente, y no obstante, al serlo, tiene que pagar, un poco injustamente, el castigo de la soledad. La soledad, por otra parte, es un pecado porque el solitario que está *solo* por superioridad u orgullo tiene, como ser humano, el deber de salirse de su torre de marfil y, en un acto comunitario, acercarse a los hombres y mujeres que constituyen el grueso de la humanidad. Permanecer conscientemente en la soledad o insistir en ella es pecar, es una forma del mal. En *Gualba,* y en esto reside la oportunidad del comenta-

---

[5] Véanse en Erasmo de Rotterdam, *Elogio de la locura* (Madrid: Espasa-Calpe, S.A., 1979), séptima edición, los capítulos 25, 30 y 37.

rio, Alfonso y Telina desisten en su esfuerzo de comunicarse con los otros en la fiesta: abandonan el acto que podría salvarlos. Si la soledad individual es pecado, mayor pecado será la soledad *de dos,* de Telina y Alfonso, que los acerca peligrosamente al incesto.

Toda la trama está concebida desde la perspectiva del padre. Telina no es más que su instrumento. Se trata aquí de la soledad de él, de su pecado. Ella ha sido *formada* por él. Por eso Alfonso se recrimina:

> ¿A mi orgulloso pecado de ser diferente, no hubiera sido mejor no asociarla? [...] ¿No serás una víctima, desde que te he traído a complicidad conmigo? ¿No seré yo un egoísta, por ventura, el más monstruoso de los egoístas?
>
> Ahora te querría hacer mil caricias, mi nena, ahora quisiera dejar descansar mi cabeza sobre tu pecho. ¡Perdón! ¡Hijita, hijita que suspirabas, perdón!... (153)

A propósito de aquella frase escrita a lápiz encima de la puerta, *Aquí vive la amistad perfecta,* hace D'Ors una disquisición sobre la soledad y el amor. Así va cavilando Alfonso:

> La gran tragedia del hombre es que está solo. La gran busca del hombre es la compañía. ¿Qué os figuráis que quiere decir el amor? El amor es una tentativa de amistad, que, no encontrando bastante compañía, gritaba "¡Más! ¡Más!" Y que, tras haber estado a punto de llegar, ya va más lejos que ella. Y entonces se ha precipitado a la otra parte de la cumbre luminosa y precaria que es ella. Y, allí, donde se había soñado una compañía, resucitan dos soledades.
>
> Ningún elemento impuro entra en la amistad sin arruinarla. [...]
>
> Señor, Señor, también vos erais un solitario. Y la misma omnipotencia, no pudo serviros de compañía. Y dijisteis: "¡Hágase!" y el mundo fue. Y también vos mismo erais tres. [...]
>
> La herencia de los hijos de Adán es la gran nostalgia. Queremos ser dos; queremos ser dos, y está írrito nuestro corazón, mientras somos nada más que uno. Y viene entonces que invoquemos a los Angeles, para que acudan en socorro nuestro [...]
>
> ¡Ser dos, Señor, ser dos!... Pero yo, yo tenía ya la buena parte: tenía para mí la amistad perfecta. (154-155)

La línea divisoria entre la amistad y el amor es un fino hilo que con facilidad se rompe puesto que el hombre, por estar solo, busca la compañía y cada vez necesita *más*. Por otra parte, ve Alfonso que tan pronto entra en la amistad un elemento impuro, la arruina. Mientras espía a su hija en el patio, a donde ella ha salido tarde en la noche, siente la necesidad de acariciarla y de pedirle perdón. Las caricias que constantemente se hacen el uno al otro y que en este momento Alfonso desea, son el contacto físico, la materialización del elemento impuro que arruina la amistad perfecta, porque ha cedido al grito impetuoso de "¡Más!, ¡Más!".

El largo monólogo interior de Alfonso continúa por varios capítulos. Una vez que ha identificado el origen mismo de la soledad, remontándose al Creador, o a Adán, se detiene en todas las posibles soluciones al conflicto. El hombre, por no estar solo, acude a "la camaradería" por medio de "vecindades", estudios, oficios, que "colocan a los hombres en proximidad y les dejan juntarse en la dirección del menor esfuerzo. El azar los ha reunido, el azar los separa" (156). Cuando esto no es suficiente, se acude a la segunda solución: el matrimonio del cual esposa y esposo pueden esperar, por lo menos, una línea quebrada, con altibajos sucesivos de amor y de soledad. Este comentario justifica la afinidad de Alfonso con su hija: su matrimonio, con la muerte de la esposa, ni siquiera le ofrece la posibilidad de esos altibajos de amor-soledad. Por último se llega a la solución perfecta, a la más duradera: en su búsqueda de compañía, cuando han fallado hombres y mujeres está el Angel de la Guarda que no desampara "ni de noche ni de día". Muy pronto se hace evidente que en la pureza de la amistad perfecta que habían encontrado Telina y Alfonso antes de llegar a Gualba, había puesto su mano la divinidad, porque Telina era, en cierto modo, el Angel de la Guarda materializado. Así lo advierte Alfonso:

> Por esto, si es muy débil o está muy atormentado, se dirige al Angel de la Guarda, que no deja ni de día ni de noche, pero yo tengo mi Angel en mi hija, que trabaja conmigo traduciendo a Shakespeare y que duerme de la otra parte del tabique delgado, que podría hablarle. (159)

Quien busca compañía en un amigo, queda solo de noche. Los esposos quedan solos durante la jornada de trabajo que los separa. Sólo el ángel está presente a todas horas, como Telina, a quien inclusive de noche podría Alfonso hablarle si quisiera, separada de él por un fino tabique.

El propósito de Alfonso, no se pierda de vista, en buscar la compañía de su hija, es *ser dos* en un mismo espíritu y no en "la misma carne que dura un momento" (159). Lo mismo se establece al principio de la novela. La degeneración de la amistad ocurre, ya sabemos, por la presencia fatídica de Gualba y no es otra cosa que *un puro accidente*.

El *ser dos* se presenta, así, como el problema básico de la existencia del ser humano: ser dos, o tres, o varios. La búsqueda de la compañía lleva al hombre a la formación de la sociedad, a la paternidad o la maternidad, a establecer lazos de unión con otro ser humano. D'Ors nos aboca a una cuestión sicológica que tenemos necesariamente que explorar para llegar a comprender no sólo las acciones de los personajes sino la filosofía del autor que se oculta tras el método narrativo.

El impulso arquetípico del hombre de buscar *su dos,* mueve al protagonista, fracasado en su matrimonio, a desear la compañía de su hija, a quien ve como compañera ideal. Añádase, para mayor perfección de este anhelado vínculo, que Telina es sangre de su propia sangre, algo así como un desdoblamiento del mismo Alfonso, alter ego o alma y proyección suyos. ¿Qué unión podría ser más cumplida para llegar al dos, cuál otra podría asemejarse más a la del hombre y su Angel de la Guarda? La unión, por otra parte, mejor será cuanto más se parezca la persona hallada a uno mismo. Lo fisiológico, el impulso reproductor, lleva a que se establezca en la búsqueda del dos una preferencia sexual. Si no hubiera esa necesidad biológica, posiblemente la compañía perfecta fuera la que reflejase exactamente lo que cada uno de nosotros es. En el capítulo XXVII, "Qué sabe Platón del amor", D'Ors da un indicio de lo que venimos tratando cuando se refiere al "mito del originario ser único, el andrógino, después partido en dos mitades, que mutuamente se buscan para completarse" (166).

Una vez encontrada la pareja, el único obstáculo para la perfección del dos es ese *elemento impuro* que mina la amistad con su carácter sexual para convertirla en el ardor de los sentidos que se llama amor. El problema de Alfonso y Telina es que están normalmente dotados de las funciones de sus propios sexos. El padre está en plena madurez viril (entre los cuarenta y los cuarenta y cinco años). Su deseo de convertirse con Telina en "dos en un sólo espíritu" (159) es una total imposibilidad porque esos "espíritus" son parte de cuerpos sanos, vibrantes y sensuales que están en un incesante contacto físico, no accidental sino voluntario, de caricias estimulantes.

Creemos que, en principio al menos, D'Ors justifica el posible incesto si miramos tan sólo a las motivaciones sicológicas que llevan al padre a buscar en la hija una semejanza que le acompañe, como angel custodio, a toda hora. La relación se muestra, además, como una hermosa amistad que crece y se convierte en una pasión sin fronteras, un amor inmenso que se refugia en *su soledad de dos,* lejos del resto de la humanidad que no podría comprender sentimientos tan desmesurados.

Conviene anotar aquí la particular visión de D'Ors con respecto al incesto. En el capítulo "El miserere de Gualba" nos da el Maestro una lección sobre el origen del hombre:

> El pecador primero había paseado contigo [con Dios] entre las dulzuras del Jardín. Y conversabais. Y habiendo él pecado, huérfano se quedó él de tu compañía. Desde entonces, él, buscando compañía anda sediento y en basca por el anhelo de compañía. Y así, por amor a ti y a tu compañía se envilece en el pecado nuevo. ¡Miserere! (178)

La creación misma, por otra parte, se inicia a partir de la proyección de un ser que busca igualarse en otro. Dios se propuso:

> "Hagamos al hombre a nuestra imagen y a nuestra semejanza, para que domine sobre los peces del mar, sobre las aves del cielo [...]". Y creó Dios al hombre a imagen suya, a imagen de dios lo creó, y los creó macho y hembra; y los bendijo diciéndoles: "Procread y multiplicaos y henchid la tierra [...][6]

El colofón a que nos lleva la versión bíblica de la creación es, primero, que si fue Dios quien desamparó al hombre a quien había acostumbrado a su compañía de *semejante,* no es culpa del hombre tratar de suplir tal abandono. Segundo, que Dios formó tan sólo a un hombre y a una mujer. Con esto concluyó su obra. A ellos les ordenó que procrearan y se multiplicaran. El cumplimiento de este decreto llevaría, ante todo, al enlace car-

---

[6] Génesis: 1, 27-28. Citamos por *La Sagrada Biblia* (Madrid: Editorial Católica, S.A., 1968), pág. 29.

nal de Adán y Eva y, después, al inevitable incesto. Unicamente mediante la vinculación reproductora entre hermanos o padres e hijos se lograría la expansión del género humano. D'Ors, lúcido razonador, glosa así esta situación:

> Oscuros son, Señor, los orígenes de nuestra sangre. ¿Quién miró con ojo claro el misterio de los primeros enlaces entre los hijos del hombre? ¡Señor, miserere!
> Y fue la guerra, y fue la confusión, y fueron las ciudades malditas. Y los ángeles de Dios conocieron a las hijas de los hombres. ¡Miserere! (178)

Lo que reina a partir del abandono de Dios es guerra, confusión, rebelión. Cuando "se calman las aguas" y el hombre, formando sociedades, comienza a poner orden a su vida y a la de los que le rodean, entonces, el incesto comienza a verse como pecado doble, por ser cópula impura y por lo que tiene de atentado contra la propia sangre. Jesucristo hace al fin su aparición para librar al hombre de todo pecado y que pueda volver mediante su propio esfuerzo a la pureza original. El hombre tiene, pues, un orden. En la naturaleza, sin embargo, sigue reinando el caos. El "¡Miserere!" que a manera de letanía encontramos en el capítulo XXXV es, precisamente, un "ten misericordia" que el hombre eleva a Dios para que lo libre del mal que vive agazapado acechándolo, para hacerle caer en la naturaleza virgen que Dios dejó olvidada.

V. *Del verano al invierno*

Cada una de las estaciones tiene en la novela un marcado sentido simbólico. La trama ocurre casi toda durante los meses del verano. La sucesión de las estaciones corresponde al desarrollo y término de la relación de padre e hija. Sabemos que cuando llegan a Gualba ya la amistad está en camino de perfección. La primavera que precede la estancia allí debe haber servido de adecuado preámbulo a lo que después ocurre. En medio del verano la amistad llega, en un momento dado, a su estado de perfecto equilibrio para acto seguido propasarse y comenzar a corromperse. El verano es, así, símbolo de la plenitud y la perfección. Después viene, tanto para la naturaleza como para la amistad por igual, el deterioro. El otoño llega y abate al protagonista:

> La llegada del otoño ha vuelto mi nostalgia más agu-
> da, añadiéndole ideas del paso del tiempo y de caduci-
> dad. Ahora el órgano mudo, la arboleda, medio vencida
> por el hacha, medio desnuda, se ha adelgazado [...] Y el
> órgano cantador ha perdido muchas de sus voces. [...] Y
> es que ahora las corrientes se han empobrecido por el tiem-
> po que hace que no llueve. (161)

El otoño es el augurio del final, del desastre inminente. In-
ducido por el otoño que parece salido de la vegetación que en-
vejece siniestramente en Gualba (imagen de caducidad), Alfonso siente que algo anda mal y está a punto casi de confesarse
con términos precisos lo que está ocurriendo entre él y su hija.
Reconoce que no ha querido aceptar, confesarse, lo que ahora
sospecha. Y de nuevo, al ahondar en los sentimientos pecami-
nosos, se presentan junto a ellos los obligados símbolos del mal:
la noche y las larvas:

> Traduzco a Shakespeare, tengo una hija y no quiero
> confesarme que tengo una inquietud y que el mismo oto-
> ño la agrava, porque la pincha con el espolón trágico de
> las ideas de caducidad.
> La noche cae, realmente, demasiado de prisa en ese
> tiempo y la noche está llena de larvas. (162)

El invierno que se avecina, como noche interminable de larvas, trae consigo el término de la amistad. En el otoño ocurre
el incendio que evita el incesto. La muerte de la vegetación es
símbolo del aniquilamiento espiritual de Alfonso, quien llora su
desgracia:

> El hombre lloraba y lloraba el día gris. ¡Cuán de pri-
> sa consume el otoño! Ahora las carolinas están casi des-
> nudas. El órgano mudo opulento de ayer, es ya nada más
> que un esqueleto de órgano. Y los brazos descarnados, si
> el viento los agita, hacen extraños signos.
> El hombre lloraba y veía cómo por allá se atareaba
> Tel-lina. Tel-lina, con el aire devastado, como un campo
> por donde pasó la tempestad; pero tranquila, en medio
> de todo. (180-181)

VI. *Razón y pasión*

Después de aquella inicial y parcial aceptación de lo que
siente por su hija, Alfonso se acerca cada vez más a la verdad.

En cierta ocasión anda en diversas cavilaciones sicológicas y metafísicas cuando vislumbra, en el fondo de la amistad, "la infamia del amor":

> El está sentado, y piensa en Freud y en Platón, y pensando se enamora... Hoy, quizá por vez primera,[7] un relámpago de razón le ha iluminado, y veía, abierto a sus pies, el abismo.
> —¡Señor, señor! —clama el corazón solitario—. ¡Señor, salvad la amistad perfecta! ¡Señor, salvad la amistad perfecta, de la infamia del amor! (169)

La enfermedad del amor que empieza a estrangular a la amistad, aparece en forma de pasión incontenible opuesta a la razón que se va debilitando por instantes. Pasión, romanticismo, Alfonso y Telina, todo se relaciona. El proceso de descomposición que lleva a la ruina es, gráficamente, un descenso irreversible desde la cima de la razón al abismo de la pasión. En el capítulo titulado "Shakespeare", D'Ors presenta a sus personajes víctimas de este proceso.

Por lo que tiene Alfonso de romántico, no podrá escaparse de su suerte. Ya lo vimos satisfecho un momento en el orden de trabajo que se había impuesto, disfrutando de la "voluptuosidad exquisita del vivir organizado de nuevo, después del desorden de las primeras jornadas y organizado a su gusto en pleno albedrío" (139). No obstante, el orden es precario. El trabajo organizado de traducción en que él traducía y dictaba, y Telina copiaba, comienza a alterarse hasta que los posee un frenesí romántico: "En el proyecto primitivo de edición crítica, ¿quién piensa hoy? [...] nada de crítica, pasión nada más, que busca expresión en traducción veloz y tumultuaria [...]" (169). En el trabajo de traducción que hacen juntos de *El Rey Lear,* la pasión triunfa por fin sobre la razón, al punto de llegar los personajes a una casi-enajenación en que se arrebatan el libro de las manos, gritan e intercambian sus papeles dramáticos en "el juego".

Ocurre también en ellos una transformación sintomática en cuanto a su predilección por los personajes de la obra que traducen. Al comienzo admiraban a Cordelia, que era un principio ordenador. Esta preferencia se ha trastocado y ahora favo-

---

[7] No es la primera vez, sino la segunda, que se aproxima al *abismo* de la certeza.

recen al rey Lear, quien se guía sólo por su pasión. Todos los indicios apuntan al final trágico. El caos es irreversible ya: no hay salvación. El desorden los lleva a una embriaguez del espíritu que termina por cegar la inteligencia que les permitiría actuar razonadamente. Por el efecto de Gualba, el propio Shakespeare se ha convertido en un instrumento del mal: "Shakespeare les arrebata, y Shakespeare es, dentro de la conciencia, una larva más" (171).

Han trabajado doce horas ese día. Antes de separarse, después de aquella sesión de exaltaciones, se besan; las lámparas que llevan se agitan y una se ha escapado de la mano. Telina grita, atemorizada por el posible incendio. La advertencia casi los ha tocado, pero el aviso es ignorado. La segunda vez que esto ocurra no será un aviso sino una especie de castigo. La situación, en efecto, se repite, sólo que ahora la atracción física entre los dos es tan fuerte que de no ser por el inesperado incendio, se habrían unido al fin "en una sola carne":

> Sí, habían trabajado en su "Rey Lear". El ambiente de dolor y de locura los había poseído, como nunca los hubiera poseído. Al despedirse, por la noche, en lo alto de la escalera temblaban los dos [...] Y no sabían separarse, y miserablemente juntaban el temblor. [...] La lámpara de petróleo resbaló de la mano de él. [...] La esencia diabólica se vertió, se esparció, fue de pronto un torrente de llamas. Y la muchacha fue toda por él vestida, en las ropas, en los cabellos, en las mismas carnes. [...] Y él se precipitó a estrechar las llamas, con sus brazos abiertos, con todo el cuerpo, con la cara, con las manos... (174-175)

VII. *El fuego*

Con el incendio todo termina. Los cuerpos se han salvado de las llamas pero Alfonso y Telina "en castigo de haber anhelado la extrema compañía, cada uno de ellos al despertar se encontró solo" (175).

El incendio, el fuego que deshace el "encantamiento" tiene varias significaciones.[8] Surge en el momento oportuno para

---

[8] En *Lidia de Cadaqués* vuelve D'Ors a emplear el incendio como elemento trágico, suerte de *Deux-ex-machina* que viene a alterar el curso de los acontecimientos: a partir del incendio se desata la cadena interminable de calamidades que llevan a Lidia a la ruina y la acompañan hasta su muerte. Véanse las páginas 89-94 en *Lidia de Cadaqués,* op. cit.

impedir el incesto y a la vez castigar la pasión inaceptable. Parece, así, enviado por Dios. En su sentido más obvio, el fuego funciona también como purificación. Sin embargo, la frase clave de Alfonso que dice: ''—Yo la perdía por el pecado al conocer el incendio'', nos pone en la pista de otro concepto, tal vez más importante. El fuego se presenta como emblema del conocimiento y, por tanto, del pecado. Las llamas que hacen ver a Alfonso que lo que desea es la unión carnal con su hija, que su amor no es amistad sino pecado, funcionan del mismo modo que la mordida que da Adán a la fruta proveniente del árbol de la ciencia del bien y del mal. Al comer, Adán y Eva adquieren conciencia del pecado: prueba es que se cubren de inmediato los órganos reproductores que hasta entonces mostraban sin malicia. Al morder la fruta, Adán y Eva pierden la gracia divina. Al ''conocer el incendio'' Alfonso toma conciencia de su pasión y reconoce el impulso que lo iba a llevar al incesto. Con el fuego pierden los dos *la gracia* de la amistad perfecta, se descubre la suciedad que anidaba en la pureza, el horror de las larvas corruptoras trabajando silenciosamente para hacerles caer. El incendio y la fruta prohibida, de igual modo a Alfonso y Telina y a Adán y Eva, les abre los ojos, les permite discernir en lo adelante entre el bien y el mal, los ilumina y, paradójicamente, los condena.

El fuego tiene aun otro sentido que no podemos pasar por alto. La amistad perfecta de Alfonso y Telina equivale al Paraíso del Génesis. Allí, Adán y Eva, después de arrojados del jardín, no han de volver a entrar porque ahora un querubín protegerá la entrada con una espada (el rayo divino) encendida. Es el fuego lo que, simbólicamente, los arroja del Edén, el mismo que les prohibe la entrada a padre e hija en el perdido paraíso de la amistad.

En el capítulo final de la obra, el ''escenario'' no ha cambiado. Con esa predilecta técnica descriptiva de D'Ors que traduce a veces la objetividad de una cámara cinematográfica, nos *muestra* la casita donde vacacionaran Alfonso y Telina: ''La casita está bien cerrada, ventanas y puertas'' (181). La cámara se aleja: ''Ahora se la ve desde lejos en la fina desnudez del paisaje'' (181). El *set* está preparado para la escena. La acción comienza. Pasa por allí un cazador y se sienta a tomar vino y merendar. Tiene en sus dedos un carboncillo y, animado por el vino, sin advertir la frase escrita por Alfonso, ''Aquí vive la amistad perfecta'', escribe o dibuja algo que la malicia le dicta: ''encima de la puertecilla enana, deja, por capricho, una caricatura de la baja imaginación que le ocupa la mente" (182).

La ironía que D'Ors sin duda presenta aquí es que Alfonso, a pesar de su espíritu superior, y este burdo cazador, actúan en función de la misma batalla incesante por encontrar *el dos* (la pareja), como todo ser humano, cada cual a su manera.

Muchas páginas antes en la novela nos advertía D'Ors cómo, en su afán de encontrar la compañía, algunos hombres inventaban que oían una voz, como Sócrates; otros confiaban al papel sus angustias; otros escribían en un muro —como el cazador— "la obscenidad o el insulto violento" (155). La conclusión de esta última comparación entre el cazador y Alfonso parece ser que aunque el hombre busca denodadamente la compañía perfecta, no logra remediar, a fin de cuentas, su soledad *original* y solo habrá de luchar contra la maldad y el caos que reinan a su alrededor. Tales males aumentan mientras menos oportunidad tiene el hombre de ejercer su arbitrio y apartarse de las pasiones románticas que taran y dominan su inteligencia.

Telina y Alfonso no son capaces de descubrir el orden o la razón por su cuenta. A pesar de que se han salvado físicamente de las llamas, no podemos concluir que su vida se ordenará, aunque sí debemos suponer que nunca más habrán de acercarse el uno al otro con los fines perseguidos antes del incendio. Alfonso había encontrado *su dos*. El primer virtuoso hechizo de pureza se convirtió en maleficio que el fuego destruye. Padre e hija, castigados por su pecado, quedan condenados así a la irrevocable y temida soledad.

OCEANOGRAFIA
DEL TEDIO

Oceanografía del tedio[1] es una de las obras de D'Ors menos estudiadas y peor comprendidas; y es que se ha ignorado
la importancia que tiene como exposición, digamos, *digerida,*
en 1916, de numerosos conceptos que dos años antes había ofrecido el escritor en *La filosofía del hombre que trabaja y que juega.*[2] Pero aunque se ignorara esto, que podría interesar más bien
al curioso seguidor de la trayectoria y evolución del pensamiento orsiano, la obra sobresale independientemente por su origi-
nalidad y su extremada sensibilidad. De nuevo confunde D'Ors
al lector por la ambigüedad de *su* género. Quien se acerque a
Oceanografía buscando pura anécdota, fracasará en su empeño, y lo mismo ocurrirá al que procure sólo la categoría, ya que
ambas se confunden, dándonos ese "orden" especial que tan bien
sabe D'Ors crear. La misma incomprensión que cae aún sobre
D'Ors cayó por mucho tiempo, valga la comparación, sobre la
excepcional obra de Marcel Proust, sin duda porque ambos se
salen de los moldes concebidos y aceptados. Las obras de D'Ors
y de Proust quedan, por su naturaleza, reservadas, tristemente,
a ciertas minorías. Mucho se les cita y poco se les lee. El abandono en que ha caído la obra del escritor catalán quizá se deba
a que, como apunta Andrés Amorós, "el estilo de D'Ors constituye un obstáculo para que nuevos lectores se acerquen a él".[3]

---

[1] *La Bien Plantada; Gualba, la de mil voces; Oceanografía del tedio* (Barcelona: Editorial Exito, S.A., 1954). Utilizamos en nuestro estudio esta edición.
Oceanografía del tedio se publicó como parte del "Glosari" en 1916 con el título de "Llicó de tedi en el parc".

[2] "La filosofía del hombre que trabaja y juega" en *Antología filosófica de Eugenio D'Ors* por R. Bucabado y J. Farrán (Barcelona: Antonio López, 1914).

[3] Andrés Amorós, *Eugenio d'Ors, crítico literario* (Madrid: Editorial Prensa Española, 1971), pág. 211.

Amorós se refiere mayormente a los escritos filosóficos, y, sin embargo, la misma suerte parecen haber corrido *Oceanografía del tedio* y el resto de sus obras de ficción donde el estilo se simplifica y la anécdota entretiene. Quizá se deba esto, en parte, a esa ambigüedad genérica que confunde a aquellos lectores que se acercan a estos textos de D'Ors con una idea preconcebida de lo que debe ser una novela.

José Pla anotaba en 1948 que *Oceanografía* ''en su primera parte contiene resultados de gran finura y, en su segunda parte cristaliza en puras molduras de yeso, completamente heladas, de un manierismo yerto, puro fiambre''.[4] Enric Jardí ve en la transición de géneros, un problema que D'Ors no puede resolver:

> Cuando Eugenio d'Ors quiere pasar de la ''Anécdota'' a la ''Categoría'', el escrito decae. Se vuelve enfático, ya que el escritor se refiere a la lucha entre la ''Voluntad de Ordenación'' y la ''Voluntad de Potencia'' y a otras abstracciones por el estilo.[5]

Pla y Jardí tienen razón al notar que la segunda parte se vuelve más teórica, más abstracta, pero las lucubraciones de D'Ors sobre las Voluntades de Potencia y Ordenación van encaminadas a justificar no sólo la actitud del personaje sino su acción final de retroceso o abandono del ocio. Lo anecdótico existe, orgánicamente, en función de la categoría y viceversa, de tal modo que ambas cosas se complementan.

I. *Preparativos para un primer buceo*

Los cuatro breves capítulos introductorios con que comienza la obra establecen el lugar de la trama y describen la situación del protagonista a quien se llama simplemente Autor: otro de los numerosos desdoblamientos de la personalidad de D'Ors a que Guillermo Díaz-Plaja se ha referido.[6] Doctor prescribe a Autor el tedio ''al pie de la letra'': esto conlleva chaise-longue, silencio y letargo. A manera de leitmotiv, la frase inicial de Doctor, ''ni un movimiento, ni un pensamiento'', se repite con fre-

---

[4] José Pla, ''Carta a Salvador Espriu'', ''Destino'', 20-XI-1948. Citamos por Enric Jardí, *Eugenio d'Ors. Obra y vida* (Barcelona: Aymá, S.A. Editora, 1967), pág. 167.

[5] Enric Jardí, *Eugenio D'Ors. Obra y vida,* pág. 167.

[6] Guillermo Díaz-Plaja, *El combate por la luz. (La hazaña intelectual de Eugenio D'ors)* (Madrid: Espasa-Calpe, 1981, pág. 295.

cuencia. Desde este comienzo D'Ors categoriza. Los dos personajes no tienen nombre porque son categorías; lo substancial de
ellos es lo que son: aquí el hábito *hace* al monje. Sin la condición de *autor* del protagonista que se somete a la cura de tedio,
no habría ni conflicto, ni novela, ni desenlace. El mismo Doctor,
sabiendo que se trata, no de un paciente común sino de un escritor fervoroso, le hace a éste las recomendaciones que debe tener en cuenta para lograr su curación:

> Doctor ha dicho:
> —No prescribo el campo. No prescribo el reposo.
> Autor, Autor, hombre de fervor inextinguible, ¡demasia-
> do sé cómo ibas tú a entenderlos, el campo, el reposo! Pres-
> cribo, única medida para la salvación, el tedio. (189)[7]

El paciente, cuya causa, finalidad y condición es la de ser
autor, se enfrenta con una situación desconocida para él: el tedio, la inmovilidad en el jardín de un hotel —semejante a un
sanatorio de reposo— donde todos dormitan, descansan o realizan labores improductivas. Los libros yacen abiertos y defor-
mados. La paz es absoluta. La descripción minuciosa, que va
de un objeto o un detalle cualquiera a otro, crea en el lector la
sensación de completo estatismo. Tal es la inercia que hasta cuesta
trabajo al ojo moverse para descubrir detalles de aquel cuadro
inerte:

> "¡Ni un movimiento, ni un pensamiento!" El segun-
> do acto sirve para adquirir noticia de un resplandor pe-
> queño, hacia el lado de la derecha, que viene a herir al
> ojo con un reflejo minúsculo. Vuélvese el ojo muy lenta-
> mente de este lado mientras permanece el cuerpo inmó-
> vil. Viene el resplandor de una cucharilla de metal. Bajo
> la cucharilla hay una taza. Bajo la taza un velador de café.
> Más lejos, también sobre el velador de café, un terrón de
> azúcar. Y, sobre el terrón de azúcar, una mosca. ¡Qué in-
> teresante, esta mosca! (191)

El sopor es tal que Autor pierde conciencia de un cigarrillo
que cree tener en la mano. Al levantarla, en efecto, siente que
algo cae. Por seguir las órdenes de Doctor, no se incorpora para

---

[7] Todas las citas de *Oceanografía del tedio* se hacen por la mencionada edición de 1954 de la Editorial Exito. En el texto se dan entre paréntesis los números de páginas.

cerciorarse de que el cigarrillo ha caído. Permanece echado y corrobora la existencia del cigarrillo apagado tan sólo por el tenue rumor que éste produce al caer.

Autor acaba de llegar para iniciar su cura voluntaria. El ojo se mueve y descubre a un camarero que viene a retirar el velador y el servicio de café que tiene a su lado. El café que ahora se llevan viene a ser como la cuerda que mantenía a Autor a flote, "el último rastro de vida activa", de "movimiento". Al perder el café queda, pues, a la merced del *océano* —alegórico— donde pronto lo veremos hundirse por unas cuantas horas:

> Y ahora Autor es como un náufrago en medio del mar que se abandona y le escapa de las manos la cuerda a que se agarraba, como esperanza última para sostenerse a flote... Tomar café, todavía quiere decir una acción. En tanto que el velador estaba allí, *él tomaba café*. Ha dejado que se llevaran el último rastro de vida activa.
> Cierra de nuevo los ojos. Nada ya le sostiene. Ahora se hunde completamente solitario y abandonado en el tedio. Se hunde Autor en el tedio, así como náufrago en el mar. (193)

Al final del fragmento citado encontramos la primera igualdad básica que nos da D'Ors entre tedio y mar (u océano), ampliada en el último capítulo de la introducción titulado "Oceanografía". La gran contradicción o ironía en lo que se supone que haga Autor está presentada desde el título de la novela, porque el *océano* podría ser *tedio* sólo para un hombre cualquiera, pero no para Autor quien, como apunta D'Ors, se convierte en buzo —un buzo de ojos muy abiertos dispuesto a descubrir la diversa inmensidad marina:

> Pero el mar, que parece a un contemplador frívolo la igualdad y la monotonía supremas, ofrece al buzo que en él profundiza el prestigio de mil espectáculos en el templo mágico de la sirena. [...]
> Así el tedio, como el mar. Autor, que se hunde en él con la primera sensación de hombre que en él se anega pronto siente su conciencia desvelada de nuevo y dispuesta a multiplicar unas aplicadas contemplaciones de buzo. (193-194)

Lo que ocurre es que el ocio no lleva al ser excepcional que es Autor al reposo sino que hace que su conciencia "se desvele de nuevo''. Así, comienzan a navegar su conciencia y su intelecto, lo cual revela, a la postre, la inutilidad de la prescripción facultativa. Para Autor el océano (el tedio) es pensamiento sin tregua, violación rotunda del consejo médico de no tener ''ni un pensamiento''. D'Ors esclarece cuál es el propósito del personaje: analizar la Oceanografía del tedio para con ello saber ''cuán rico es y múltiple aquello que ha parecido igual y monótono al profano y al distraído'' (194).

La introducción termina con otra ironía. Se cita a Mosén Jacinto Verdaguer, quien había escrito en su diario: ''Yo soy el Colón de las Américas de Cristo''. A continuación D'Ors escribe: ''¡Humor, humor, guárdanos a nosotros de vanagloriarnos con el nombre de Colón de las Américas del tedio!'' (194). Y lo que recomienda no hacer es, precisamente, lo que hace al final de la obra; allí nos encontramos a Autor comparado a Colón, conquistador de los océanos, y hasta a Ulises. La travesía de Autor está a punto de comenzar. Autor *se sumerge.*

II. *El orden contra el caos*

El desarrollo de los conceptos sobre las Voluntades de Potencia y Ordenación al final de la obra —que, según Jardí, hace que el escrito decaiga y se haga abstracto— es en realidad el colofón de una serie de ideas que comienzan a enunciarse en la primera parte de la novela a través del pensamiento del personaje. Autor, tendido en la chaise-longue, se lanza a su eleático recorrido. La chaise-longue es la línea divisoria entre dos realidades:

> La chaise-longue es un meridiano. Divide al mundo en dos mitades. Cada mitad del mundo es representada por un perfume: alternativamente, cada uno de estos perfumes invade o se retira. (196)

Las realidades estimulan al personaje sensorialmente con dos perfumes distintos que son símbolos nacientes o primarios de lo que después se definirá como ''orden'' y ''potencia'' mediante una compleja formulación conceptual. De momento, los símbolos, dos olores, son casi elementales:

> [...] El olor que llega del lado izquierdo es más cálido que el otro olor. Este, más delicado y voluptuoso.

> ¿Más voluptuoso? El primero es un olor bravo y agrí-
> cola. Olor a paja, olor a granero. Olor a polvo volante
> y blanco. Olor a tierra del Vallés. Todo el Vallés huele a
> paja.
>
> El otro olor es muy indolente y tropical. ¿Magnolias?
> ¿Rosales que agosto extenúa? ¿Simplemente grandes ho-
> jas transidas por las humedades del regar? ¿Hay, vaga-
> mente, un poco de música de vals en este olor?... ¿Hay
> recuerdo de otros parques, en Isola Bella o la Riviera...?
> (196-197)

El primer olor es el olor de la labor campestre, del oficio
de la tierra de los cultivos, del trabajo que, por extensión, simbólicamente, Autor ha abandonado para dedicarse de modo precario al tedio. El segundo es un olor de sosiego, reposo, vacación, que induciría a la inercia. Cada uno lo atrae y está a punto
de vencerlo hasta que vuelve el olor anterior para iniciar una
vez más el ciclo. Entre los dos olores está la chaise-longue como
una balsa a flote en la "Oceanografía". De la balsa podría Autor
saltar a tierra, a su trabajo fervoroso, o darse vuelta para caer
en el océano que es el tedio que le ha sido prescrito. Pero, para
Autor, el oceáno, contrariamente a lo que debería ser, no es tedio sino diversidades deleitosas, pues en él encuentra las maravillosas visiones que lo alejan del propósito de inercia física y
mental que lo mueve. Esto es, los dos olores se convierten para
Autor en suerte de fuego que igualmente lo consume. No obstante, las posibilidades de los dos mundos que separa la tumbona están a su disposición y la diferencia entre ellos da pie a D'Ors
para presentar dos bien marcadas categorías.

El olor de magnolias llevaría a Autor al oceáno; el otro, el
de la tierra del Vallés, lo alejaría de la profundidad para situarlo
en el mundo de la realidad diaria de labor. De momento ninguno de los dos olores triunfa para llevarlo a uno de esos mundos.
Por ahora el personaje "flota" en su chaise-longue en algo así
como un limbo hipersensorial. Varios capítulos más adelante
D'Ors retoma el asunto. Recuérdese que el olor que incita al placer es un olor del trópico, asociado al calor. El olor del Vallés
es, en contraste, un olor frío, seco. Tendido en la tumbona en
pleno mes de agosto, Autor imagina lo que ven sus ojos en otra
estación más a tono con su natural disposición:

> ¡Si ahora estuviéramos en invierno y los árboles se
> hallaran desnudos...! Entonces, las líneas sinuosas de las

ramas proporcionarían tema de contemplación más sutil. Debe de estarse bien aquí, en invierno. [...]

... Decididamente, el olor de Vallés es mejor que el olor del trópico. (203)

He aquí el primer indicio de la acción final del protagonista. El océano que le ofrece el tedio, a pesar de toda la multiplicidad que en él pueda encontrar, no se ajusta a la naturaleza de Autor. El olor del trópico marino le resulta inconveniente. El del Vallés es el que en verdad le complace. La solución es previsible: al final de la tarde abandona el intento de vacación y regresa a la ciudad o, lo que es lo mismo, al olor del Vallés que lleva consigo, al frío del razonamiento, opuesto al calor[8] de la enajenación y el placer sensorial.

Los olores del Vallés y del trópico vienen ambos de la naturaleza. Sin embargo, la diferencia primordial entre los dos es que el olor cálido de magnolias o indolencia, es virgen, olor que surge de la pura tierra [como el rosal] sin propósito utilitario. El olor del Vallés, al otro lado, es olor de paja y de granero, lo que D'Ors define en *La filosofía del hombre que trabaja y que juega* como "naturaleza arbitrada", o sea, *orden*. Lo que va a hacer Autor es tratar de imponer también al océano el "arbitrio" que está acostumbrado a practicar en "su otra naturaleza". Y con esto logra abolir el tedio, encauzando el pensamiento —él, quien no debe tener *ni un pensamiento*— por las sendas de un elevado intelectualismo.

La filosofía de D'Ors, por cierto, a pesar de su variedad, se puede resumir como el conflicto entre dos fuerzas opuestas que son, simplificando, el Bien y el Mal. Sólo reconociendo que esta importante visión es el motor que anima la creación orsiana, se podrá llegar al meollo de obras como *Oceanografía del tedio*. Aranguren ha advertido esta característica en la obra filosófica de D'Ors, así como la igualdad entre Mal y naturaleza:

La visión orsiana del mundo es lucha permanente entre Ormuzd y Ahriman, entre el Bien y el Mal. La "intuición original" de Eugenio d'Ors consiste, justamente, en esta lucha entre el Bien, que es el espíritu, y el Mal, que

---

[8] El calor, símbolo de lo que Autor quiere abandonar, se le hace opresivo. En un lugar leemos: "Y ¡oh Dios mío!, cuánto calor tiene mi pobre cenestesia" (202); en otro, "Una ola de calor tiéndese y pesa sobre el parque, enclavado estrechamente en abrigada cuenca" (190).

es la naturaleza, en este radical e irreductible "maniqueís-
mo filosófico".[9]

El afán de D'Ors de "encauzar" la naturaleza se remonta a su
poética, parte de la estética novecentista, que ya formulaba en
1908. Guillermo Díaz-Plaja, quien sigue la evolución del pensamiento orsiano, aclara cómo ese año D'Ors dejó por escrito constancia de su rechazo de la poesía catalana que hasta entonces
se escribía porque en ella "la noción de Natura, con toda su tentación caótica, dominaba el decir poético, impregnándolo de rusticidad, de desorden, de esclavitud a los valores meramente in-
tuitivos".[10]

El rechazo del romanticismo y su "desorden" lleva a D'Ors
a idear un nuevo cauce para las letras de su tiempo y para su
propia obra. En *La filosofía del hombre que trabaja y que juega* valora aquel movimiento literario:

> En la Estética, el Romanticismo, ya tome forma de
> fantástico, ya de naturalista, está condenado; en cambio,
> se llega a una concepción del Clasicismo, no como capri-
> cho de imitación erudita, sino como actitud esencial hu-
> mana. El Arte no puede vivir de lo abstracto; pero tam-
> poco de lo individual. Su objeto es lo concreto general,
> es decir, la naturaleza harmonizada, o en otros términos,
> el arbitramiento de la apariencia.[11]

D'Ors amplía el concepto limitado de naturaleza harmonizada, aplicado a las corrientes estéticas, a dos categorías uni-
versales: *albedrío y fatalidad,*[12] que corresponden, de momento, en *Oceanografía del tedio,* al olor del Vallés y al del trópico
respectivamente. La naturaleza harmonizada se iguala, pues, a
arbitrio, al orden; de ahí que hable D'Ors de una *natura arbitrada,* temprano anuncio del océano que el navegante del tedio
va a conquistar. Recuérdese que Autor es Colón y Colón es co-
lonizador del universo marino. Una vez que la naturaleza ha sido
conquistada, sometida, entonces ya está de parte del hombre

[9] José L. Aranguren, *La filosofía de Eugenio d'Ors* (Madrid: Ediciones
y Publicaciones Españolas, S. A., 1945), pág. 49.

[10] Guillermo Díaz-Plaja, *El combate por la luz,* pág. 67. Se refiere Díaz-
Plaja al prólogo que escribió D'Ors para el libro *La muntanya d'ametistes*
Jaume Bofill i Mates.

[11] "La filosofía del hombre que trabaja y que juega", edición citada, pág.
139.

[12] "La filosofía del hombre que trabaja y que juega", pág. 114.

le sus ideales de superior disciplina. D'Ors define estas jerarquías:

> Sale, de todo lo dicho, la necesidad de considerar en el conjunto de cosas que hasta ahora hemos considerado interinamente como hostiles al albedrío, una parte que, al contrario, le sirve y que se identifica con él en los momentos de plenitud de acción. Esta parte es indudablemente Natura; pero "Natura arbitrada", o mejor dicho, "Arbitrio naturado"; "Naturar el arbitrio" es lo que en lenguaje vulgar se llama "Realización". Llamamos, pues, "Albedrío naturado", aquella parte de la Naturaleza "colonizada" por el Albedrío, y que colabora en los nuevos esfuerzos del Albedrío.[13]

Es obvio que lo que en *Oceanografía* D'Ors llama olor del Vallés corresponde en *La filosofía del hombre que trabaja y que juega* al trabajo, y el olor del trópico indolente (el océano) es el juego. Pero el hombre impone rigores por igual al trabajo y al juego, al Vallés y al trópico; para lograrlo, su potencia, su voluntad de acción, debe vencer la resistencia que le opone el mundo circundante y a veces hasta su propio ser. Estas dos categorías son, simplificando el pensamiento, "lo que yo quiero" y "lo que se opone a lo que yo quiero".[14] Lo que Autor *quiere* es la acción intelectual —su función esencial—. Lo que se opone a lo que él quiere es esa cura de tedio que por respeto a las órdenes y la sapiencia de Doctor, va a seguir. La curación se realizará por medio del tedio. Tedio y océano son semejantes medicinas. Para que el océano, "que se opone a lo que él quiere", no se oponga, hay que colonizarlo. Una vez colonizado, el océano se desvanece del mismo modo que desaparece virtualmente el tedio cuando Autor lo convierte en incesante efervescencia síquica. Si el tedio se ha convertido en la habitual actividad mental de Autor, el propósito de su estancia en el parque del hotel cesa. De ahí que se retire y regrese a su habitat acostumbrado. Autor (D'Ors) es un filósofo nato. La filosofía, el pensamiento, es condición *sine qua non* de su existir. Desde el inicio de la cura, Autor viola la orden muy precisa de Doctor: "Ni un pensamiento". Si nos remontamos una vez más a *La filosofía del hombre que trabaja y que juega,* encontraremos también allí la clave para

---

[13] "La filosofía del hombre que trabaja y que juega", pág. 116.
[14] "La filosofía del hombre que trabaja y que juega", pág. 55.

entender esa utópica prescripción. Escribía D'Ors: "Filoso● significa pensamiento. Pensamiento quiere decir movimien● Luego Filosofía es movimiento... ¡En marcha! ¡En marcha!● Siguiendo al pie de la letra este postulado, del pensamiento q● destruye el ocio, Autor pasa a la necesaria acción física de● vantarse para volver al *trabajo* ciudadano.

Autor viene a encarnar, resumiendo, el "eón de lo clásic● que se opone al "eón barroco" representado no sólo por el oc● no sino también por la naturaleza vegetal que lo circunda. ● *Lo Barroco* (1920) D'Ors muestra la igualdad entre Barroc● naturaleza. A colación de la figura de un ángel cuyo brazo sig● una dirección y la mano otra, escribe:

> El "eón" que inspira este gesto es el "eón" de lo Ba-
> rroco, en que el espíritu imita los procedimientos de la na-
> turaleza, lejos del "eón" de lo clásico, en que el espíritu
> imita los procedimientos del espíritu.[16]

Si ampliamos el juicio de Aranguren, podremos conclu● que la naturaleza, el mal y lo barroco, son todo la misma c● que el bien, o sea, lo clásico, tiene que someter. Los árboles q● Autor observa desde su tumbona en *Oceanografía del tedio* so● entre otros elementos, parte también de lo que, arquetípicame● te, D'Ors ve como "eón barroco" en el mundo primitivo:

> [...] el panteísmo, el dinamismo, la elipse, la fuga, el
> árbol, el espíritu a escuela de la naturaleza, encuéntrase
> integralmente en el mundo primitivo.[17]

El mundo vegetal que Autor contempla en el parque le r● sulta baladí, inaceptable. Es un mundo que, como "complace● cia sensual", al igual que el olor tropical y todo lo que éste co● lleva, no sirve, a menos que sea arbitrado. La complacencia qu● obtiene de la naturaleza el hombre que piensa y armoniza, ● de surgir de su afán razonador y categorizador únicamente; ● placer se revela cuando al mirar la vegetación, lo que ve son c● lores, estructuras, formas. Según la doctrina de D'Ors, la apr● ciación de la naturaleza sólo es posible cuando ésta sea reme● del arte: en otras palabras, la naturaleza es digna de contempl●

[15] "La filosofía del hombre que trabaja y que juega", pág. 108.
[16] *Lo Barroco* (Madrid: Aguilar, 1964), pág. 109.
[17] *Lo Barroco*, pág. 114.

ión si recuerda alguna obra plástica que hubiera podido crear
l arbitrio humano. D'Ors aclara esta idea:[18]

> La variedad y riqueza en una multiplicidad de verdo-
> res se establece, más que por razón de matiz, por razón
> de relieve. La mirada en ello se complace, no como ante
> una pintura, sino como ante una escultura. [...]
> Cuando Autor ha realizado este descubrimiento, ya
> el hechizo vegetal deja de parecerle tan frívolo. La sensa-
> ción grata, casi utilitaria, que despierta al principio un es-
> cenario umbrío —en que entra siempre una valoración hija
> del sofoco, de un sofoco actual o pretérito o presentido—,
> vuélvese en él ya completamente intelectual. Es casi una
> emoción geométrica, ya no complacencia sensual. Autor
> —cosa rara—, en este punto, en el de contemplar las ver-
> dores pomposas, es cuando se siente más próximo y más
> en peligro de la cosa prohibida: de formular un pensamien-
> to. (203-204)

Es curioso que desde el instante en que se tiende en la chaise-
longue, se desencadene el pensamiento de Autor. Y no es únicamente el pensar lo que se le presenta como tentación que lo hace
sucumbir; también lo tientan, alejándolo cada vez más del propósito del ocio, el movimiento, el olor tropical y hasta la pasión
por la mujer. Al fin penetra en la naturaleza para arrancarle la
virginidad con su pensamiento; poniendo sobre ella sus ojos de
artista, puede verla como escultura y entonces deja de parecerle
tan frívola. Así, la primera sensación grata de lo umbrío se convierte en sofisticada percepción. Para que lo barroco se haga clásico es fundamental que la *emoción geométrica* sea previa a la
complacencia sensual. De tal manera, la naturaleza *geometriza-
da* (encauzada) será digna de nuestra atención. La naturaleza
(la vegetación) y el océano, según venimos apuntando, se empa-
rientan, desde las insinuaciones del color verde común a los dos.
La naturaleza y el océano, pues, elementos que resultan a Autor
amorfos, habrán de ser convertidos por él a la par en cosas en-
cauzadas, ordenadas y regidas por su [*la*] inteligencia; de ahí que
lo que era caos vegetal y marino, aparezca con el nuevo sentido
de armonía y disciplina que la voluntad de Autor le da: el *ver-*

---

[18] Recordamos al lector aquel pasaje de *La Bien Plantada* donde se des-
cribe una escena de la vida real que parece haber copiado un cuadro de Torres
García. Véase el epígrafe "Teresa es un árbol" en nuestro capítulo sobre *La Bien
Plantada*.

dor se convierte en *emoción geométrica* y el *océano* en divers[idad] dad de pensamiento estricto, intelectual, sistematizador. En [el] capítulo "Pasos en la arena" D'Ors define el propósito del pe[r] sonaje de abolir lo amorfo, y el sentido de su entrada en el sim bólico mar:

> Autor recuerda a punto que este su reposo, que esta su inmersión oceanográfica en el tedio, es, según intento propio, un riguroso ejercicio de arbitrariedad. (207)

La arbitrariedad (arbitrio) a que D'Ors se refiere equiva[le] a la razón. La naturaleza, por el contrario, es pasión y, conse cuentemente, caos. En Goethe busca D'Ors las fuentes que l[e] llevan a presentar a su personaje tratando de transformar la na turaleza con su visión ordenadora (aquí, plástica): "¿Por qu[é] medio se librará de pasión? Por el eterno medio, canonizado po[r] Goethe; haciendo una obra de arte" (207).

Las dos categorías fundamentales, opuestas pero a la larg[a] reconciliables, para las cuales se ha ido preparando al lector, s[e] precisan al fin en la segunda parte de la novela. Allí aparece[n] como "Dramatis personae" la "Voluntad de Potencia" y la "Vo luntad de Ordenación". Así quedan dibujadas en el texto esta[s] personificaciones:

> Una se figura como adolescente y endemoniada. Lla mean los cabellos rojos, respira el flaco pecho desacom pasadamente. La boca se torcía en el doble camino de la carcajada y de la imprecación. Conocen los ojos antagó nicos resplandores... Esta diosa ha por nombre *Voluntad de Potencia*.
>
> La otra, tranquila en su madurez, es fuerte y serena como un niño o *como un filósofo*.[19] Tiene los ojos cerú leos de Minerva; pero su pecho, patricio, matricio, nutri cio, recuerda mejor el de la madre de los dioses. Es páli da; y la fina ancha boca se contrae en pliegue de energía. Las manos tienen la disposición y la fatiga de mucho cons truir. El nombre de esta segunda diosa diríamoslo así: *Vo luntad de Ordenación*.
>
> Como Cupido a la reina de los amores, una figura de niño hace compañía a cada una de estas diosas. El com pañero de la primera es muchacha, y se llama *la Aventura*; el compañero de la segunda es muchacho, y se llama *el Albedrío*. (216)

---

[19] Las cursivas son nuestras.

Primero habla la Voluntad de Potencia. Mientras tanto, muy a propósito, una mujer que yace próxima a Autor, ha levantado la rodilla. No es casual que la acompañante de Potencia sea una muchacha, Aventura. Teniendo en cuenta la rodilla femenina que se ofrece a la vista de Autor, Potencia (o Aventura) le dice a éste: "¡Atrévete!" En el plano anecdótico de la trama, la mujer que ha levantado la rodilla se convertirá en la tentación carnal que, varios capítulos después, atraerá a Autor hacia la aventura que está a punto de concretarse.

Ordenación es simplemente otra visión de la ubicua Teresa, la Bien Plantada. Así se presenta ahora esta Voluntad ordenadora:

> Haz tu vida, dijo en Tívoli, Teresa la Bien Plantada
> (que era yo misma, escarnada, por devoción particular,
> para uso y ventaja de todo un pueblo), haz tu vida como
> la elegante demostración de un teorema matemático.
>
> Huye de la ventura, que es el riesgo. Huye del azar,
> padre del desorden. [...] Huye de la aventura. En este si-
> llón humilde, mortal, tú estabas cumpliendo una obra de
> albedrío ordenador, una batalla nueva de Dios contra el
> Caos.

Como se ve, la dicotomía original de Potencia y Ordenación, después de complicarse con una multiplicidad de sinónimos y conceptos afines, llega a resumirse en dos conceptos básicos: Caos y Dios. La Potencia es, en fin, embriaguez, mal, ventura, riesgo, azar, desorden, aventura y caos. La Ordenación es sobriedad, bien, albedrío, lucidez y Dios. La batalla que se libra entre Dios y el caos es la misma que se libra entre Ordenación y Potencia, o entre el olor del Vallés y el del trópico, o aun, entre "lo que Autor quiere" y "lo que se opone a lo que Autor quiere". El personaje se ve ahora en la disyuntiva de tener que escoger entre dos fuertes estímulos: el trabajo razonador y la sensualidad voluptuosa de la mujer que yace cerca (otra proyección maligna del tedio).

En la obra de D'Ors, con gran frecuencia, las teorías filosóficas o estéticas van a parar al principio fundamental del Dios ordenador, y no como mera continuación del tema básico que presenta al Bien y al Mal en pugna. Autor y el Dios del Génesis dan forma y ordenan la indiferenciada vastedad oceánica. Es Dios quien de lo amorfo, crea cielos y tierras. Es igualmente significativo que, en el principio, según rezan las Sagradas Escrituras, "el espíritu de Dios se cernía sobre la superficie de las aguas". Autor es también como aquel Dios, ahora dado a la tarea de "arbitrar" y "encauzar" las aguas vírgenes (o caóticas).

Siguiendo el discurso de la Voluntad de Potencia, la oímos continuar su labor de seducción: intensifica su elogio de la mujer y convida a Autor a la aventura para que encuentre remedio a la "antigua inquietud" —el deseo ancestral del hombre por la mujer—. Por un momento flaquea Autor y realiza un movimiento: se vuelve para mirar la boca de la mujer que cerca de él descansa, y la contempla. Cíclica, rítmicamente, a la manera en que llegaban los dos diferentes olores, aparece ahora *la otra,* la Voluntad de Ordenación que viene a contenerlo. La mujer en la chaise-longue es como la sirena de Ulises o Circe encantadora, provocación que pretende sacar a Autor de la mesura y el orden. Recuérdese, además, que a lo barroco da D'Ors un carácter femenino, y *barroco* se opone a *raciocinio.* Aludiendo a Weininger, quien notaba cómo en el mundo vegetal la flor es siempre femenina, añade D'Ors:

> Si la flor, toda flor, es mujer, bien puede creerse que la Siria, según Michelet, lo sea igualmente. O los cultos a Eleusis. O un siglo entero en el vivir de la Humanidad. O la Democracia.
> O lo Barroco.[20]

La Mujer-Barroco tienta a Autor con su presencia. Por eso Ordenación tiene que intervenir y amonestarlo, prevenirlo contra otro desliz, contra otra mirada. El obedece:

> ... La desconocida ha avizorado, de pronto, hacia el lugar donde Autor se encuentra... Este ha tenido apenas tiempo de cerrar los ojos y de, a cualquier evento, improvisarse una facies de hombre dormido. (220)

Voluntad de Ordenación toca aquí un punto clave para la comprensión de la obra. En el fondo de la intricada red de conceptos que D'Ors baraja, hay otro que hasta ahora no se había

---

[20] *Lo Barroco,* pág. 28. La Magdalena es vista también por D'Ors como encarnación de lo barroco:

> Y ella también, mujer ya arrepentida en el pecado, lasciva en el arrepentimiento, ella también es, por definición, barroca. Ella, que, para seguirte, Señor, se sienta sobre tus talones. [*Lo Barroco,* págs. 29-30].

expuesto; Autor tiene la misión, según su nombre indica, de producir obras de arte mediante su trabajo ordenador, resultado de su arbitrio. La mujer (el tedio, lo sensual) le impediría completar su obra de arte, cumplir con el único deber que justifica su existencia. Así habla Ordenación:

> —¡Ay de quien desfallecía en el minuto en que es necesario último y pequeño esfuerzo para alcanzar la perfección de la obra de arte! [...] Que tener éxito es también un deber. Realizar el detalle final de cada gran tarea, es un deber.
>
> Inmoral digo a cualquier fracaso. Lo digo yo, y tú debes repetirlo, tú, hombre de la estirpe de los mediterráneos. Que nuestro héroe nunca será el héroe bárbaro, un Tristán o un Don Quijote, los de la salvación en la ruina; sino un Ulises, el de la victoria final tras la prueba larga. (219-220)

"Heureux qui, comme Ulisse, a fait un long voyage", transcribe D'Ors antes de pasar a comparar a Autor con Colón. Ulises y Colón representan la obra terminada, el orden, la supremacía del albedrío, la constancia y la insistencia en el principio que los mueve, en la fe que tienen en su verdad. Autor es, *será*, como Colón quien, poco antes del descubrimiento —según nos recuerda D'Ors— no claudica ante la amenaza de los marineros que proponen amotinarse. A los marineros llama D'Ors "aventureros instintos", o sea, *la Aventura* que vimos antes acompañando a la Voluntad de Potencia. Como Autor (o *Artista* o *Dios*), el deber de Colón era dar "Forma" al "Caos" para conquistar las Américas, para terminar la labor emprendida, para completar la "obra bien hecha".

Pero los tres, Colón, Ulises y Autor realizan, en efecto, un *long voyage* por mar: en su deambular marino, al propósito firme o a la meta vislumbrada se opone *la aventura*. Al éxito de Colón se opone, según apuntábamos, la resistencia ("lo que se opone a lo que yo quiero") de los marineros. Ulises sufre derrota tras derrota en su viaje de regreso a Itaca, pero nunca se da por vencido. Para Autor la aventura es la mujer cuya presencia lo tienta. Nuevo Colón, Autor se autodefine al final de la novela cuando ha logrado dar forma a lo amorfo: "oceanógrafo y buzo en aguas que parecieron muertas y grises; yo, *Colón* de las Américas del tedio" (238). Nuevo Ulises también, navegando en el océano del tedio, su tarea no estará terminada hasta su regreso que, al final de esta segunda parte, se hace inminente.

Hombre al fin, a pesar de las advertencias de "Ordenación", Autor vacila. Nace en él una fuerza que llama "heroísmo", por miedo de llamarla "amor". De nuevo mira hacia la mujer; se cruzan sus miradas. Ella entreabre los dedos y deja caer el libro que sostenía. El podría levantarse de un salto; está a punto de hacerlo para llegarse a la joven y hablarle. Autor inicia el movimiento: "Rápida, la mirada recorre el aire. Un poco, la del náufrago, que impetra socorro del cielo" (226). Podría convertirse, por la pasión de un instante, en el náufrago de su oceanografía. El naufragio equivale, pues, a "la caída"; es el fracaso, es perderse en lo amorfo, en el caos, en el reino de la Voluntad de Potencia. Pero algo lo salva. Cuando va a realizar el movimiento y a bajar un pie, "el relampaguear de una visión interior detiene todavía el acto" porque no puede permitir que "todas las maravillas con que le ha enriquecido una hora de tedio" caigan y se vean "miserablemente destruidas" (226). Nace de tal modo un "instinto de retroceso" y el pie que bajaba "vuélvese a recoger medroso junto a su hermano" (226).

Vence la Voluntad de Ordenación. La mujer monta en cólera, vengativa, despechada por el abandono de que ha sido objeto. Autor hace la señal de la cruz; el "eficaz exorcismo" de la cruz (Dios) vence a la mujer (Demonio). Transcurre otro minuto. Vuelve a abrir los ojos y está solo, "y no ve mujer, ni silla, ni libro, ni nada". Nuestro Colón ha logrado conquistar sus Américas del Tedio. Nuestro Ulises puede, sin más tropiezos, regresar ahora a Itaca. El viaje ha terminado.

III. *"No pienso... luego, existo"*

El manido "Cogito, ergo sum" de Descartes sirve a D'Ors de punto de partida para una hábil lucubración sobre el movimiento y el pensamiento contenidos en el cuerpo humano. A Autor se le ha ordenado: "ni un movimiento, ni un pensamiento". D'Ors hace aquí una significativa diferenciación entre los dos elementos que constituyen el ser humano: la cabeza y el cuerpo. Por un lado, la cabeza, cerebral, tiene conciencia de la existencia del cuerpo, lo siente. El cuerpo, por su parte, para poder estar en absoluto reposo, tiene que esperar a que la cabeza también lo esté. En otras palabras, de nuevo, pensamiento se revierte en acción. Esta división de *partes* humanas que establece aquí el narrador, viene a completar la serie de dualidades que venimos señalando. El cuerpo es el instrumento de trabajo que corresponde al olor del Vallés, a la realidad y el invierno. La cabeza (lo que pierde al hombre y, paradójicamente, lo salva), de los ojos arriba, se asocia al océano del tedio que en verdad es pura actividad intelectual, fantasía desenfrenada, verano.

El "cogito, ergo sum" se hace "yo no pienso, luego, yo existo". Al hombre a quien se le ha prohibido que piense, no se le ha quitado la vida; por eso, aunque no pensara, existe. "Si yo pensara", añade, "ya mi existir no me parecería tan seguro. Podría ser yo objeto de una ilusión" (201). El pensamiento parece ser tan independiente que hasta podría ignorar la presencia del cuerpo donde se origina: es una forma tan superior de energía que una vez creado ve como posible su vida autónoma. En otras palabras, la cabeza se olvida que necesita del cuerpo y que vive gracias a éste. D'Ors concluye la idea invirtiendo la fórmula para llegar a un gracioso postulado: "Yo existo; porque si no existiese, como tampoco pienso, ¿qué?" (201). El primer problema que nos presenta no es tan grave: si no pensara y el cuerpo existiera, siempre cabe la posibilidad de volver a pensar. Lo otro, la probabilidad de no existir, se muestra como el principio sin solución que es: si no existiera, puesto que tampoco pensaría, ¿qué quedaría entonces? La Nada. Como para asegurarse de que sí piensa y que sí existe, la cabeza comienza a *sentir*, a examinar el cuerpo que la sostiene en esta poco ortodoxa *cenestesia*. Mirando hacia abajo Autor observa su límite inferior, los pies y las botinas que los envuelven:

> Yo termino en dos estuches de cuero, vagamente ojivales, guarnecidos de falsos agujeritos.
> Pero, en el otro extremo, de la parte de la cabeza, *no termino*. Como mis ojos pueden ver de ellos para abajo, pero no de ellos para arriba, yo de ojos para arriba, soy infinito. Soy infinito, o termino en los ojos, como queráis [...]
> De debajo de las cejas hasta la punta de mis zapatos se extiende, vibrátil, en ausencia del movimiento y del pensamiento, mi pobre cenestesia. Y, ¡oh Dios mío, cuánto calor tiene mi pobre cenestesia! (202)

Lo importante de este pasaje es esa distinción que hace D'Ors entre el cuerpo —*la materia*— y la existencia superior de la inteligencia. Precisamente porque en la inercia física y mental que se le ha ordenado no debe funcionar la inteligencia, Autor se siente arrastrado por el *calor,* símbolo del trópico amorfo. Mediante claras alusiones D'Ors presenta el cuerpo como algo finito, puesto que en las puntas de botinas que resguardan los pies, aquél termina. El cuerpo que se extiende desde los pies hacia arriba, *termina* en los ojos porque los ojos tienen conciencia óptica de ese cuerpo solamente hacia abajo. Pero, por otra parte, los ojos son *el comienzo,* hacia arriba, de esa zona del hombre que es infinita, la que no puede ver, el centro del pensamiento que sobre los ojos resguardan la frente y el cráneo. Esa *zona* no pertenece ya al cuerpo completamente porque lo trasciende, a la vez que regula los movimientos —o los *no* movimientos— de aquél. Es el intelecto lo que está de los ojos arriba, pues, y esto es lo infinito, aparte de la realidad o imposibilidad física de poderse uno ver esa zona —excepto en un espejo—, lo que también la hace, metafóricamente, infinita.

En paradójico contraste, el cuerpo que miran los ojos está en absoluto reposo, mientras que la mente (que debería también reposar) está en ininterrumpida ebullición de ideas, *buceando* en la diversidad "oceanográfica". Ya que D'Ors no concibe pensamiento sin acción, el cuerpo tendrá que rebelarse y la cura, al poco rato, termina por abandono.

En esta bien armada obra, a veces un aspecto tratado aparece varios capítulos después dando coherencia al escrito todo y al mismo tiempo rompiendo con la continuidad que D'Ors prefiere erradicar de su método narrativo. Así, a veces una simple frase que se repite a manera de leitmotiv, permite al lector recordar un tema básico tratado antes. De tal modo, cinco capítulos después del que aquí comentamos, en otro titulado: "Pasos en la arena", nos recuerda D'Ors su idea.

> ¡Atención! Alguien anda más allá de la cabeza del hombre yacente, por aquella parte en que él es infinito. (206)

Los pasos en la arena que amenazan la cabeza de Autor, su intelecto, se le figuran los pasos de "Naturalmente, fatalmente, una figura femenina" (207). Interminable lucha es ésta, en fin, entre la *pasiva* "inmersión oceanográfica en el tedio' (207) y "un riguroso ejercicio de Arbitrariedad" (207), entre pasión y razón, cuerpo y reflexión.

Ahora bien, puesto que el cuerpo es pasión (océano), del mismo modo que el pensamiento ordenador tiene que conquistar lo amorfo oceánico, tendrá que colonizar la materia corporal. En el capítulo XIV D'Ors nos muestra el cuerpo poseído por un calambre: a consecuencia de éste, el miembro que *se duerme* deja de ser nuestro —porque no lo sentimos— a la vez que sigue siéndolo. Alegóricamente, el cerebro se lanza a la conquista del miembro que comienza de nuevo a sentir suyo:

> Y la vida que vuelve. El pie, la mano, colonizados de nuevo por el yo normal. El propio contorno, que se modifica, que se ensancha. Ha sido reconquistada una díscola provincia de la carne. Y la cenestesia que planta allí su bandera triunfante, entre las últimas, las casi extintas cosquillas hormigueras. (210)

¿Será necesario insistir en la semejanza entre "el pensamiento" y Colón que "planta su bandera" en la América conquistada, y también entre las "casi extintas cosquillas hormigueras" y los casi extintos deseos de insurrección de los marineros que lo acompañaban?

Todo apunta en la novela al acuerdo final entre la razón y la pasión. De momento nos da D'Ors tan sólo los elementos que como lectores atentos debemos alinear. Con el calambre, *lo finito,* el límite del cuerpo, se confunde. Bajo el efecto del calambre, los ojos que miran hacia abajo no pueden asegurar que lo que ven les pertenece como parte de un mismo cuerpo, porque la cabeza no lo siente. Nuestro dominio pierde la supremacía, pierde el gobierno de esos territorios corporales que por naturaleza le pertenecen. Al colonizarlos se reconcilian los opuestos en problemática pero a la vez armoniosa, necesaria unidad.

IV. *La victoria*

Después de la lucha en que ha vencido Voluntad de Ordenación, Autor se siente fatigado. La prueba ha sido larga. La victoria no es para él gozosa: lo que le queda es algo así como una tranquila melancolía. Y es que la salvación en verdad lo sentencia. Vencer al tedio es condenarse a no abandonar nunca más mientras exista el pensamiento, el ejercicio del albedrío.

Autor permanece en la chaise-longue contemplando las nubes, cada cual con su forma propia e individual, como si cada una se hubiera "esforzado en manifestarse, en *distinguirse,* en adquirir una personalidad definida a nuestros ojos" (231). D'Ors compara al poeta con una nube, puesto que ambos ensayan nuevas formas con el único propósito de "provocar el aplauso de los humanos, espectadores impasibles". Para estos espectadores flemáticos, por ellos, se sacrifica el poeta, nueva caracterización de Autor. Son las cinco y media de la tarde. Autor siente ahora una jaqueca. Las nubes comienzan a deformarse, a perder su individualidad, a morir. Se acerca una tormenta y las gráciles nubes se van convirtiendo en una amorfa masa gris. Pero el cielo no ha comenzado aún *su venganza* por medio de la lluvia que se presiente. La idea de descomposición total se hace cada vez más clara. En su inercia, Autor hace recapitulación del ambiente que lo rodea y los cambios que va sufriendo: una pared que antes era blanca se ha teñido de un violáceo sombrío, los árboles están negros, una de las nubes carece de forma; el viento ha cesado, antes de la tormenta; "falta aire en el pecho" (235); sigue la jaqueca. Autor carece de energía y su estado moral es "deplorable". Un piano que cantaba ahora está mudo. "En cambio, dos minutos más tarde, muy lejos, muy lejos, comienza un coro apagado de campanas..." (236). Y de repente se escucha un trueno que es mucho más que un trueno: es la venganza de la ofendida Voluntad de Potencia (la naturaleza) que ahora llega disfrazada de tempestad:

> ¡Bien te reconozco, Enemigo! Te reconozco en este trueno de ahora, monstruosamente crepitante, y en su infernal violencia. Eres tú mismo quien un instante ha, bajo figuración de mujer extranjera y gentil, ensayabas en mí las más sutiles tentaciones de la aventura. [...] Mas tú, ahora, vestido de deshecha y desencadenada tempestad, me echarás fuera de este sillón amigo. Y yo, que he sido, ocultando un órgano admirable de sensaciones, una a modo de pura estatua marmórea, sin movimiento ni pensamiento; yo que del perfecto cumplimiento de la rigurosa sentencia había sacado un orgullo, para que el cumplir se volviese en mí obra de arte y fruto singular del albedrío; yo, oceanógrafo y buzo en aguas que parecieron muertas y grises; yo, Colón de las Américas del tedio, seré nada más que el desocupado lamentable que pasea por los corredores mal iluminados de un hotel, un ocio sin dignidad. [...]
>
> Señor de las tinieblas, tú serás lluvia sobre mí; y la primera gota de lluvia caerá sobre mi frente como un frío escupitajo de tu boca insultante. (237-239)

No sólo el trueno, la gris masa celeste y la lluvia que va a caer, sugieren el cataclismo que se avecina, sino hasta el mismo repicar de las campanas que son como anuncio de muerte. El libre ejercicio de la voluntad indómita de Autor, que por su arbitrio decide desencadenar su inteligencia, ha de pagar un precio, el de la autocombustión, un precio que parece ser como castigo asignado por el demonio. Recuérdese la frase final de esta Tercera Parte de la novela: "quien tiene la llama debe arder" (241). Aquí, contrariamente a la solución Goethiana por la cual mediante la mujer el hombre se salva, nuestro hombre-Autor en vez de salvarse al seguir a la mujer, como hace Fausto, se condena a arder eternamente por rechazarla.[21]

La lluvia ha comenzado a caer en tumulto. Autor busca cubierta. "Se va corriendo, como fugitivo, abandonando el sillón al chubasco. Se va; bien se ve que es un vencido" (239). Al huir, de nuevo rescatado del dominio de la voluntad de Potencia, siente que nada se ha perdido, y contempla con optimismo el ardor a que, de ahora en adelante, sin vacilaciones ni reposo, su vida estará dedicada.

El capítulo final de la Tercera Parte resume la naturaleza del conflicto superado por Autor y nos da, además, sucintamente, el tema fundamental de la obra en dos claros postulados. D'Ors escribe:

> El, sin embargo, el hombre que ahora contempla la lluvia desde el interior del varandá mal cerrado, no se siente ya humillado por la derrota. [...] Es que, un relámpago en la mente, simultáneo a un relámpago postrero de las nubes, ha podido traerle mejor vindicta. Vergüenza, fatiga y vaciedad y nostalgia de cosa perdida, han sido superadas porque ahora las ve como justos castigos de haber él desconocido una verdad e intentado transgredir una ley: la verdad de que el hombre lleva consigo mismo paisaje y anécdota y drama; la ley que quiere que el ferviente hierva, aun sin aire en que hervir; que el hombre de perpetua aspiración y de vida intensa lleve inquietudes y fiebres hasta a los mejor calculados reposos, a las más puras y rigurosas soledades.

---

[21] En *Lo Barroco* D'Ors muestra la ambivalencia del manido Eterno-Femenino *(Ewig-weibliche)* de Goethe ya que, si bien refleja la potencialidad salvadora de la mujer, es además una "eterna realidad" que se traduce también, a la larga, en un estilo, el "estilo Barroco". Véanse en particular las páginas 28-30.

> ... ¿quién huyendo de la patria,
> huye de sí propio? [...]
> Hay quien tiene la llama, hay quien no tiene la lla-
> ma. Doctor, Doctor, aprende esto para siempre: quien tiene
> la llama, debe arder. (240-241)

El primer error de Autor, pues, fue desconocer que llevaba
dentro de sí "paisajes y anécdota y drama"; por eso el tedio era
inútil, porque el movimiento, el dinamismo y el pensamiento que
estaban dentro de él, a todas partes lo habrían de acompañar.
El segundo error fue tratar de ignorar la ley que establece que
el ferviente debe hervir. Autor es uno de los escogidos por la llama. Su deber y su destino es arder, consumirse como las nubes
que se gastan en su ejercicio que, por inútil que sea o que parezca, cumplen una función que la suerte les ha asignado. El tedio
(el océano) del "que tiene la llama", por lo tanto, no será nunca
ocioso. Autor navega en un océano estancado, pero siempre di-
verso, donde se habrá de perpetuar. Ese océano es en realidad
su *patria interior*. Los versos de Horacio citados por D'Ors resumen muy bien la cuestión: nadie logra escapar, por más que
huya de su propia problemática, de las *pasiones* o *razones* que
lo dominan.

V. *La Armonía en la Unidad*

Autor anuncia su partida para el día siguiente. Los empleados del hotel se sorprenden ante este "verano de tres horas"
(243). A la mañana se marchará en el tren rápido. Vuelve, en
efecto, a Barcelona. La vacación le ha servido de enseñanza. El
tiene que arder. El reposo le está vedado. Ha descubierto su única doctrina: "Autor ya no siente la fatiga, desde que sabe que
él ya no puede conocer el descanso" (245). Por un momento se
compara a Teresa, pero por contraste. La ley de la Bien Plantada era la "profunda, tranquila, noble Obediencia" (246), el "reposo"; la ley de Autor, "el fervor inacabable". En las dos últimas páginas de la novela D'Ors introduce a un nuevo e
inesperado personaje a quien llama, también con mayúscula, simplemente *Amigo*, otro artista, en este caso pintor, que acaba de
regresar del extranjero y a quien Autor decide visitar. Llega al
estudio y Autor y Amigo, en extraña postura, se aproximan:

> Y ahora (los dos se asoman a una alta ventana del
> estudio, y espalda toca a espalda), Autor se encuentra con

Amigo, con Amigo que tiene una ley distinta: la ley del
pasional amor... (246)

Amigo viene de Suiza, de un sanatorio donde se reúnen
hombres y mujeres con la misma enfermedad, a pesar de la cual
no cesa en ellos la pasión, la "roja pasión, de que nosotros huía-
mos y que nos persigue hasta cerca de las nieves que no se des-
hacen" (247). La imagen de los dos hombres en raro contacto
se repite:

> Habla Amigo así, y Autor le escucha sumiso, en me-
> ditabundo silencio. La espalda toca con la espalda, los ca-
> bellos con los cabellos, y una corriente única de pavor sa-
> grado penetró en el corazón de los dos hombres, unidos
> en la ventana, ante la tiniebla nocturna...
> Esta va serenándose, sin embargo; ya entre campo y
> campo de nubes, palpitan las estrellas —también peren-
> nemente febriles—, no sabemos nunca si por la ley de fer-
> vor o por la ley de amor... (247)

El símbolo es claro: Amigo y Autor son un solo ser. Dos
cabezas, dos espaldas, un solo corazón. Dos ideas, pasión y razón armonizadas al fin en la unidad del hombre. ¿Cómo se podría negar al cuerpo participación en la vida de la cabeza o viceversa? ¿No son acaso los olores del industrioso Vallés y del
voluptuoso trópico válidos por igual y parte de aquel quien tendido en la chaise-longue los respira? ¿No hay en cada uno de
nosotros un poco de Colón y un poco de marinero amotinado?
Cierto es que el dominio de la inteligencia y el albedrío logra
encauzar y vencer a la informe Potencia, pero la Potencia aunque vencida, no desaparece: sigue allí; allí también está la pasión por la mujer y los arranques, no del intelecto sino del corazón. La lucha, avivada por las órdenes de Doctor, entre razón
y pasión, entre pensamiento y tedio, en realidad no termina nunca, porque así como Autor (el hombre, en general) "lleva consigo mismo paisaje y anécdota y drama" para aun en el tedio man-
tenerlo en ininterrumpido cavilar, también lleva consigo lo otro,
el germen durmiente y sometido de la pasión, que de no imponer él el orden distanciador, igualmente lo consumiría.

Con la visita de Autor a Amigo concluye el drama, se funden los opuestos, y nos muestra D'Ors una visión más auténtica
de la compleja estructura del ser.

VI. *Los modos de escritura*

En nuestro capítulo sobre el método narrativo de D'Ors apuntábamos [nota número 21] cómo el escritor catalán se adelanta en muchos años al "objetivismo novelesco" de Robbe-Grillet. Si bien hay que emparentar a estos dos autores, es D'Ors quien consigue una escritura más trascendente, porque aunque se regodee muchas veces en la pura descripción de detalles, siempre hay en él una intención más profunda que la mera descripción. En algunos casos notorios de la obra de Robbe-Grillet, en particular su conocida *La Jalousie*, los párrafos quedan como huecos y el modo narrativo se convierte en "juego" empírico. En el caso de D'Ors las descripciones minuciosas tienen una funcionalidad implacable. Robbe-Grillet se queda en la superficie de sus personajes que no se explican sicológicamente. D'Ors, por su parte, muestra a sus protagonistas desde adentro, estudiándolos según un punto de vista no rudimentariamente sicológico sino mediante un desarrollo que es al mismo tiempo sicológico, emblemático y metafísico.

Resulta curiosísimo que Ernesto Sábato, criticando precisamente a los personajes de Robbe-Grillet, defina, sin proponérselo, con asombrosa exactitud, al protagonista de *Oceanografía del tedio,* cuyo propósito es, como hemos planteado, estructurar el caos. Sábato comenta:

> Hay todavía una última inconsecuencia filosófica. Los personajes de estas narraciones sólo ven y sienten. Pero el hombre es algo más que un objeto sensorial: tiene voluntad, organiza y abstrae sus experiencias, termina siempre elevándose al nivel de las ideas; de ninguna manera es una pasiva cámara cinematográfica o, en el mejor de los casos, un aparato panestésico, sino que va ordenando esos datos de los sentidos en formas, convirtiendo paulatinamente el caos en estructuras.[22]

Es nada menos que todo esto que falta en la obra del francés lo que se evidencia en la obra de D'Ors. En éste, las descripciones de tipo pictórico son resultado, por otra parte, de su pasión por la pintura, y con ellas logra crear una *atmósfera* que envuelve a sus personajes y que define también sus actitudes

---

[22] Ernesto Sábato, *Tres aproximaciones a la literatura de nuestro tiempo* (Chile: Editorial Universitaria, S.A. 1968), págs. 22-23.

En *La Bien Plantada,* por ejemplo, Teresa era a veces un ser que parecía arrancado de un cuadro, pero de la visión física pronto se pasaba a la moral. En *Oceanografía del tedio* algunas de las descripciones detalladas tienen otro bien definido propósito; la inmovilidad total del personaje en la chaise-longue sólo se podría transmitir al lector mediante un moroso modo de contar y de ver. El ejemplo más sobresaliente lo encontraremos quizá en el capítulo titulado "La bombilla eléctrica". Aquí, empleando su acostumbrada técnica narrativo-pictórica que se podría comparar, en la pintura propiamente dicha, con obras de artistas "detallistas", con ciertas esmeradas miniaturas o, más modernamente, con el industrioso puntillismo, escribe:

> Hay, suspendida en el centro de un claro del parque, entre un juego de negros hilos, una bombilla eléctrica. Los juegos de hilos se distribuyen en cuatro secciones. En dos secciones hay cuatro hilos paralelos. Otras dos secciones tienen un hilo cada una. Una barrita transversal, negra, liga los elementos en tres de estas secciones, y no en la otra. En cada barrita negra hay tres botones blancos. Y en el cristal de la bombilla, tres reflejos pequeños de sol...
> Es magnífico. (197)

Como en *La Bien Plantada* o en *Lidia de Cadaqués* hay aquí descripciones que parecen escritas más bien por un pintor que además escribe que por un escritor aficionado a las artes plásticas. Y al describir "La pared blanca", por cierto, se refiere D'Ors a los pintores antes de hacer varias apreciaciones de color. La pared es semejante al lienzo donde el artista prefigura lo que allí va a pintar:

> Se dice pronto una pared blanca. Algunos pintores saben cuán rica en tonos es una cosa así. Esta que Autor tiene delante le parece como la más rica entre todas. Esta pared blanca es, por instantes, como un nácar pulido.
> Hay cimas color rosa en una pared blanca; hay abismos azules. Hay verticales rayas de oro. Hay verdores misteriosos y fugacísimos. Hay iris y nieves y claros de luna. Hay ocasos y auroras.
> Y en ésta había, además, y todavía de ella se encuentran rastros, una sentencia fulminante en letras de fuego. (199)

Las *letras* de fuego revelan que esta blanca pared es al mis-

mo tiempo como lienzo y como página virgen: en ella el artista
puede plasmar, si quiere, el universo. Los ojos de Autor, estimu-
lados por la blancura de la pared y los juegos de luces que de
ella surgen, reaccionan creando ellos mismos su propio diora-
ma en miniatura. Quien quiera comprender exactamente la pe-
ricia y exactitud de esta descripción, mire por varios segundos
fijamente una lámpara con varias bombillas, cierre después los
ojos y trate de explicar lo que con los ojos cerrados entonces
ve. Frótelos, acto seguido, y con ellos cerrados vuelva a observar. Finalmente, al abrirlos, por un instante lo que se verá será
un universo duplicado hasta que la visión vuelva a su normalidad. Veamos este pasaje:

> Y cuando la mirada ya esquiva la blancura obseden-
> te de esta pared, nuevo festival empieza. Atención: como
> un meteoro magnífico, el paso de unos pequeños nimbos
> de luz, ahora rojos de fuego, ahora en opulencia iridis-
> cente [...] Dase el sabio dedo a roce y presión sobre el pár-
> pado que se ha cerrado en fina translucidez rosada. Cuan-
> do una catarata de luceritos de color se ha extinguido, una
> constelación nueva nace [...] Cuando los párpados se le-
> vantan, aún viene a añadirse una maravilla más. El mun-
> do se duplica. Todos los objetos se duplican. Tembloro-
> sos, irisados, se duplican... Autor bizquea. (200-201)

Los capítulos "El calambre" (Primera Parte, XIV) y "La
jaqueca y sus misterios" (Tercera Parte, IV) son también descripciones que aprovechan la técnica "detallista" para comuni-
car una experiencia sensorial.

No sólo D'Ors logra con maestría las descripciones que reflejan a veces lo que ve como si los objetos se hubieran inmovi-
lizado en el espacio o lo que siente o percibe dentro de su propia
cenestesia; también es capaz de animar con vivo dinamismo una
escena cuando es necesario. Es fácil describir, por otra parte, lo
que ocurre, utilizando el gerundio o tiempos marcadamente progresivos. Este sería un modo trillado que D'Ors desecha en favor de recursos técnicos más elegantes y, sin duda, más efecti-
vos que los acostumbrados. Hemos escogido para ejemplificar
este método el capítulo titulado "Delicia-Embriaguez":

> Como un esfuerzo para vencer obstinada ronquera,
> una guturalidad prolongada déjase oír. Y la voz, antes de
> volverse clara, ha detonado tres veces [...] Ahora, empe-
> ro, se vuelve muy suave y silbadora. Ahora, el silbido pasa

a canto. Ahora, el canto a charloteo. [...] Un poco más lejos, el nácar se vuelve iris. [...] Una manga riega los parterres.

¡Delicia de ver regar! ¡Delicia de oír regar! ¡Delicia de oler como riegan! ¡Delicia de respirar como riegan! [...]

Y he aquí que el espectáculo se torna más maravilloso aún. El chorro baila. Ahora, violentamente se acorta. [...] Parece borracho. Y de verle borracho así, emborracha. [...]

No únicamente en el vino bermejo vive Dionisios. Vive también en el agua blanca, si ésta violentamente se agita, como en todo aquello que se vuelve dinámico en la locura de la fuerza. En el agua violenta vive también Dionisios. Una tempestad marina es una bacanal. Una cascada es una tragedia. Y el chorro de la manga que riega, una sátira. (204-205)

La descripción es al mismo tiempo estática y dinámica; estática, porque retrata algo *contemplado* en la vida real; dinámica, porque nos hace *vivir* el acto en su progresión. Para lograr tal dinamismo, D'Ors se vale de infinitivos, verbos en el presente o frases verbales transicionales; por ejemplo: "ahora... *se vuelve*", "el silbido *pasa a* canto", "delicia de ver regar", u otras frases que no hemos citado anteriormente para acortar el fragmento transcrito (tales son "la blancura *se vuelve* nácar", "*dispérsase* el iris en lluvia de brillantes", y muchas otras).

La detallada descripción del sonido que hace la manga va de lo externo a lo interno, de lo extrínseco a lo sensorial. Lo visual (manga, gotas como brillantes, etc.) lleva a las sensaciones auditivas, ópticas, olfativas y táctiles, en una suerte de clímax donde se regocijan los sentidos. Y todo esto, aparentemente, no es más que el cuadro de una simple manga que riega.

Lo sobresaliente del pasaje, sin embargo, aparte de la destreza de la minuciosa descripción, es que D'Ors trasciende las puras formas dando sentido, ampliando, lo que podría parecer a algunos, molde hueco: el chorro se personifica y Dionisios, dios del vino, se muda al agua, animando este elemento que se convierte en agua violenta, en tempestad marina y en cascada. ¡Qué claro está, al final, el propósito de esta descripción que a primera vista resulta tan sencilla! La tempestad marina no es sino el océano voluptuoso que como Baco, con su embriaguez, atrae a Autor a los placeres del mundo informe del éxtasis contra los cuales, dividido entre dos Voluntades, tendrá eternamente que luchar.

SIJE

Sorprendente novela es *Sijé,* por su "modernidad" y por su novedad que nos permitirían emparentarla con las mejores páginas de Thomas Mann o de Marcel Proust. Es excepcional, además, por su variedad de métodos narrativos y por su despliegue de modos estructurales; la patente carencia de uniformidad —que se convierte aquí en parte del método creador del narrador— hace de *Sijé* un caso único en las letras contemporáneas. D'Ors describe su propósito en esta obra:

> Lejos de mí el pueril artificio de presentar estas notas sobre unas vacaciones y sobre la graciosa figura de mujer que las preside, en guisa de hojas auténticas de un diario. Diario, sin duda, forman, puesto que cotidianamente se escriben. Pero no con el carácter de intimidad, a que alude aquella expresión, según el uso... No. Yo no tengo empacho en declarar sinceramente que las presentes páginas se destinan a la publicidad; y que su conjunto, con presentarse como narración, y serlo, dibuja, a la vez, el esquema fundamental de un estudio, relativo a ciertos temas importantes de orden moral, cuya complejidad será aquí presentada y acariciada, ya que no puede decirse que su dificultad se vea resuelta.[1]

A pesar de sus reparos sobre el carácter íntimo que debe tener un diario —característica, según D'Ors, ausente en su relato—, es obvio que el formato escogido por el autor es el de un diario. Y confirma él mismo que esas notas "diario, sin duda,

---

[1] *Sijé* (Barcelona: Planeta, 1981), pag. 59. En lo adelante incluimos en el texto, entre paréntesis, los números de páginas de todas las citas que se hacen por esta edición.

forman, puesto que cotidianamente se escriben''. Pero lo que se propone D'Ors con estas explicaciones es dar al lector una vez más "liebre por gato", tratando de despistarlo sobre la naturaleza de la obra, en su incansable esfuerzo por no caer en el típico género novelesco. Don Eugenio logra una complejísima y renovadora novela donde, con su escueta escritura trata, en efecto, esos "ciertos temas importantes de orden moral" que modestamente confiesa haber incluido en su narración. Pero éste no es más que uno de los aspectos de su multifacética creación, porque en *Sijé* desarrolla, además, varias teorías filosóficas, lingüísticas y culturales, complicados personajes y pasiones humanas, sin caer jamás en situaciones de marcado dramatismo ni en desenlaces trillados. Y es que *Sijé*, como *La Bien Plantada*, *Gualba, la de mil voces* u *Oceanografía del tedio*, es, en sí, un jirón de vida que termina con un principio o en otra fase de la vida misma; con esto el escritor es fiel a aquel postulado suyo de que "la vida no conoce desenlaces" y de que "toda solución en ella es a su vez un problema".[2] ¿Qué mayor evidencia de su empeño por evitar un típico desenlace podría haber, que concluir *Sijé* con las mismas palabras con que termina *La Bien Plantada*? Nos pregunta D'Ors para finalizar: "Pero, ¿existe novela en el mundo que pueda concluir de otro modo? ¿Qué hay, detrás de cada aventura, cuando se desenlaza la aventura?" (179). La respuesta es obvia. En *Sijé* la aventura ha sido una vacación de verano; al terminar la aventura se vuelve, pues, a la vida rutinaria.

Sorprende también que esta novela, posiblemente la mejor que compusiera D'Ors, por falta de comprensión tal vez o por el abandono en que cayó su obra durante un buen número de años, no se recogiera en forma de libro hasta 1981. La historia se repite en cuanto al hecho de que detrás de la publicación fragmentada de la obra (aparecida en *El Día Gráfico* de Barcelona entre 1928 y 1929) había una obra completamente desarrollada y *no* un arbitrario, descuidado o accidentado diario de viaje, o ni siquiera glosas que se fueran componiendo apresuradamente para cumplir con el compromiso de las "entregas" periódicas. Creemos que aún hoy no se ha comprendido *Sijé* como la obra maestra que es, primoroso resumen de la *poética* de D'Ors y formulación en clave de su doctrina estético-literaria, que intentaremos dilucidar en este capítulo.

---

[2] Ricardo Gullón y George S. Schade, *Literatura española contemporánea* (New York: Charles Scribner's Sons, 1965), pág. 410.

I. ¿Qué es Sijé?

Sijé es, según su contenido básico, la visión personal, *íntima* (aunque niegue D'Ors este carácter a su "diario") de uno de los seis hombres que viajan juntos "durante los últimos meses del estío de 1924" (31). La narración y sus personajes se desplazan desde Alassio, donde el tren recoge a la joven Sijé, hasta Cortina d'Ampezzo, deteniéndose en el trayecto durante varios días en Génova, Milán, Venecia. La muchacha, Madona Laura (27), había sido bautizada por uno de ellos, Fô, con el nombre de "Psijé", pensando en la "Psiquis" del mito, y por no pronunciar Fô el nombre como era debido, se hizo "Sijé" para los amigos. Sijé se convierte en el centro temático de la narración, aunque a veces su presencia no sea más que un telón de fondo, un punto de referencia. D'Ors se dedica entonces a desarrollar a sus otros personajes: los camaradas del grupo.

Tal como llega Sijé a la vida de estos hombres, desaparece al final. La joven, de libres costumbres, decide acompañarlos durante la vacación. Al final, en Venecia, los hombres resuelven abandonarla puesto que Sijé ha cambiado demasiado su modo de comportarse y de ser durante el viaje y ahora les resulta una molestia. Por última vez la ven cuando la joven aparece en el hotel de Cortina d'Ampezzo para quejarse del abandono. Pero la ruptura con Sijé es definitiva. En Marsella, días después, el narrador nos da detalles de la suerte de Sijé quien, según cuenta ella en una carta que les ha escrito, en vez de regresar a la casa paterna se ha ido a Roma y ahora, gracias a un amigo actor que ha encontrado allí, va a ser actriz.

Aunque no existen, repetimos, momentos de gran dramatismo en la obra, sí hay pasajes de cierta tensión; tales son, por ejemplo, el intento de suicidio de la cantante "La Turzia", la llegada de Sijé al hotel de Cortina d'Ampezzo adonde va dispuesta a dar un escándalo (que no llega a producirse) por el abandono de que ha sido objeto, y otros. Estas "tensiones", así como las que se producen con los cambios progresivos que experimenta Sijé en su conducta, que permiten al lector vislumbrar la inevitable catástrofe, mantienen el *suspense* y el interés hasta la última página de la novela sin que ésta caiga nunca en una mera relación de acontecimientos.

II. *Los personajes*

En esta trama hay al menos siete personajes bien delineados. Sijé es la única mujer en el grupo, aunque aparecen otras fugazmente: "La Turzia", la Princesa Covazza, etc. Hay tres ingleses y tres "mediterráneos".

Fô (Juan Jorge Lamiral) es el amigo sabio, *Fellow* retirado de Cambridge a quien se define como el "mayor escritor en prosa inglesa" (67), y llamado así "por el extremo orientalismo de su ciencia en filosofar y en vivir" (14). Pensador, filósofo, socrático y platónico, es el centro intelectual de aquella reunión, pero humanamente es un ser raro que por su conducta se ha visto envuelto en el escándalo.

Alfredo Panzini, italiano, había sido discípulo y protegido de Fô en Cambridge. Diplomático ahora, también se vio envuelto en un escándalo cuando le disparó a su amante por una cuestión de celos. Después de este incidente cambia de amante como de cuarto de hotel por no poner en el amor el corazón.

Osbert, noble inglés, hijo de príncipes, también fue antiguo colegial de Cambridge, y también le tuvo Fô por discípulo. Osbert había pertenecido a la marina y en el presente es arquitecto, e historiador por vocación. La majestad y la elegancia le caen de tal modo que según el narrador "hasta en el baño le decora una invisible pelliza, que es un regio manto" (84).

Rambaud-Valady es un pintor francés. A la manera de las historias interpoladas o los sueños que encontramos en otras novelas de D'Ors, siempre trabadas de algún modo a la trama, el escritor nos cuenta la vida de este personaje: ha abandonado a su mujer que se había vuelto una tirana; él, de temperamento callado, explotó un día al fin y la dejó. Hombre corpulento que detesta la soledad y es gran conversador, sufre en silencio por no haber sido más hermoso.

Agenor, también inglés, ha estudiado en Cambridge gramática griega y estudia escultura griega en Dresden. Su perfección física coincide con su perfección espiritual. Es el más joven de todos.

D'Ors identifica al narrador simplemente como "Yo" (capítulo 38, pág. 111), e introduce a su *alter ego,* además, en la encarnación de Octavio de Romeu (capítulo 31, pág. 89).

El número total del grupo es 7, número "pitagórico" al que el narrador atribuye poderes mágicos.

III. *Sexualidad, sensualidad, erotismo*

A. Confusiones genéricas.

Es indispensable destacar la existencia de un marcado erotismo que, tomando formas diversas, aparece a lo largo de la novela. El primer encuentro con Sijé nos presenta a un personaje andrógino, de pelo corto y enmarañado que al levantar el brazo desnudo revela "la fiera negra de la axila". La confusión de su sexualidad es patente:

> Y he aquí que el sabio Fô ha abierto ya su portezuela, dos compartimientos más adelante que la mía. La ha abierto y ha dicho:
> —¿Despides a tu novia, muchacho?... ¡Si quieres, te llevo!
> Pero yo, por mi parte, alargando la mano ya:
> —¿Despides a tu novio, muchacha?... ¡Si quieres, te llevo!
> El ser, de un salto, ha subido a nuestro compartimiento. Sólo al encontrarse arriba, cuando el tren ha arrancado ya, definitivamente esta vez, han reído sus dientes, deslumbradoramente blancos. (29)

Debemos preguntarnos desde ahora, ¿no resulta curioso que el mismo ser atraiga al narrador como mujer y al sabio Fô como mancebo? D'Ors se acerca aquí, como nunca antes o después en su obra, a una oscura pasión, la de Fô, trazada con sutiles rasgos (como éste de invitar al "muchachito") y que, a la larga, queda para el lector en la tiniebla de la incertidumbre, a menos que ejercite su malicia y comprenda que el autor se propone sembrar en él la sospecha.

Hay otro caso notorio de un ser casi andrógino: nos referimos a Panzini, "hijo de los ardientes Abruzzos, mandado a enfriar un día, por los suyos, a un colegio británico" (64). En el colegio, bajo la tutela de Fô, se desarrolla el joven. Su constitución "precozmente hirsuta" había hecho que sus compañeros lo mantuvieran un poco al margen. El empeño de Panzini en triunfar lo llevó a crueles depilaciones. Explica D'Ors que "a la vez que en esto se corregía, ganaba la admiración de esa tan esquiva clientela, por la cumplida perfección de sus maneras y por el grado de estético refinamiento a que llegó en la cultura de su vida y en la elegancia y comodidad del menor de sus gestos o del más peligroso de sus ejercicios" (64).

La cosa hasta aquí va bien. Es lo que ocurre despúes, y la actitud de Fô, lo controversial. Veamos:

> Alcanzó en ello tal armonía, que no se le juzgó indigno de tomar, cuando las fiestas de la universidad [...] el papel de Ifigenia y el de la Cordelia del Rey Lear. Fô mismo, en esta ocasión, hubo de subir a admirarle entre bastidores. Y con los ojos llenos de lágrimas dulces, hubo de elogiar la prodigiosa belleza del mancebo, que ya la víspera había acreditado, por otra parte, su fuerza, empleándola en las regatas a remo, el año aquel en que la derrota de Oxford fue tan ruidosa.
>
> Pero la amistad entre Fô y Panzini, entre el *fellow* y el colegial, tuvo, en el pasado, razones más angélicas aún, con serlo tanto ésta de la belleza cumplida. (65)

El capítulo donde se trata todo esto se inicia con una defensa del carácter inglés. Osbert, Agenor y Panzini han sido todos discípulos de Fô, el maestro de la elegancia. Los cuatro, así, forman un núcleo especial dentro del grupo de viajeros, que contamina a los otros con su elegancia. La limpieza de la relación entre estos hombres es notable: "Como la mano que estrecha a la mano, va al apretón sin rastro de ningún pringue, el apretón la deja limpia". La personalidad de estos hombres, como la palma, *"no suda*; por lo mismo nuestra promiscuidad *no mancha"* (63). Acto seguido nos enteramos "del caso Fô y Panzini". Panzini se convierte en el prototipo de "lo angélico" porque su refinamiento y su elegancia son adquiridos a base de un esfuerzo consciente. Este jovencito perfecto llega a tal refinamiento que puede hacer convincentemente de mujer a la vez que con su fuerza gana en las regatas a remo. Es un andrógino de quien Fô queda prendado. Esto explica aquella en apariencia instrascendente invitación de Fô a la chica Sijé a quien confunde *con un chico* a que vaya con él en el tren que parte de Alassio. Un problema interpretativo se presenta aquí que únicamente admitiendo que el autor quiere *ex profeso* crear la ambigüedad podemos entender bien. Nos referimos al comentario de que, en el pasado, la amistad de Fô y Panzini tuvo "razones más angélicas aún, con serlo tanto esta de la belleza cumplida" (65). ¿Cómo tomar esto? ¿Fue la "relación" especialmente angélica en cuanto a la elegancia de la misma, esto es, *angélica* porque se desarrolla en un plano superior al de la mera atracción física que siente Fô por la belleza del mancebo, o acaso sugiere D'Ors, irónicamente, que hubo otras cosas "sublimes", *angélicas,* del espíritu —platónicas— o del corazón, que no se pueden explicar o saber? La introducción al tema de la relación "que no suda" tiene como fin aclarar el sentido de la elegancia que como parte de la amistad entre estos hombres hace que la extremada camaradería no tenga manchas.[3] Según esto, habría que ver aquella afición del maestro por el discípulo como algo limpio y puro. Y sin embargo, el capítulo siguiente corrobora ciertas dudas sobre lo peor; se nos dice que la materia predilecta de Fô es "la belleza pura, la amistad, el amor". A su "cuartito" de Cambridge iban a buscar "normas y estímulos para el corazón (...) ciertos buenos y hermosos estudiantes" (69). Dicho cuartito-estudio del profesor *decadente* estuvo "empapelado de amarillo y contenía, hacia el centro de una gran mesa, un negro bol cerámico lleno de pétalos de rosas deshojadas" (69). Si esto fuera poco, nos enteramos de que "Fô estuvo en un tris de verse acusado de corruptor de la juventud" (67). Anota D'Ors que su salida del colegio ilustre no tuvo "nada que ver con la cuestión" (67). ¿Para qué

_____

[3] D'Ors dedica un capítulo (el número 13) a lo que él llama "La cultura del *'tú'* ". Guillermo Díaz-Plaja apunta cómo el narrador "capta magistralmente este condicionante de la sociedad de su tiempo" [Díaz-Plaja, *op. cit.,* pág. 307]. Debemos añadir que lo que parece aislada digresión filosófico-social es la introducción al carácter de la amistad entre los amigos viajeros que pueden llegar a tutearse dentro del respeto y la más absoluta "elegancia". El tuteo de que nos habla D'Ors equivale a la "promiscuidad" que "no mancha" (63). Pero también sirve dicha introducción para ahondar en el personaje de Fô que aquí tratamos. En cierta ocasión Fô realiza un acto inaudito para un frío inglés, según muestra D'Ors: rompe todas las copas contra el tronco de un ciprés, menos una, y en esa que queda van bebiendo todos, como en un acto de esotérica comunión. El comentario final de don Eugenio trae al contexto de la novela, actualiza, su teoría del tuteo, relacionándola con el acto de este importante personaje y con el tratamiento que normalmente damos a la divinidad:

> Muchos serán los que no crean que un inglés pueda hacer esto. Sin embargo, el Filósofo es inglés y lo hizo. Juro que lo hizo [...] También hay ingleses capaces de hablar de "tú" a alguien que no es Dios. (50)

La misma noche, antes del mencionado incidente, hablaba el propio Fô sobre "la cultura del tú":

> —Sólo la aparición de "los *tús*", en el seno del grupo indistinto formado por "los otros", modela definitivamente la propia personalidad; por la misma razón que sólo en el *diálogo* encuentra plena realización el *pensamiento.*
> No hay modo de pensar más que *entre dos.* También para que una personalidad se constituya se necesita del *amigo.*
> Yo soy tu amigo; luego, existo. Si no fuese por ti, yo no lo sabría. (49)

esta aclaración sino para crear en el lector aún más la sospecha? ¿Cómo no pensar en esa posibilidad si es el propio narrador quien nos da la idea maliciosa? D'Ors está en pleno control, como de costumbre, de su creación literaria: las sugerencias son más efectivas que la narración de la anécdota descarnada. Fô es un ser exquisito y su "rareza sentimental" en nada opaca la elegancia y el buen gusto, lo angélico —en el mejor de los dos sentidos sugeridos aquí—, que ha traspasado a sus alumnos. No sólo es *aceptado* como es, sino venerado por sabio y por viejo, a pesar de la debilidad que los jóvenes prefieren ignorar.

Una vez más, al final de la novela, vemos a Fô en una extraña maniobra que, por voluntad del narrador, no queda explicada, pero que al buen entendedor bastará para saber lo que allí ocurre: detrás de las ventanas cerradas de una góndola, bien podríamos pensar que se hallan otros andróginos menos "elegantes", amistades del momento, y más obvios en sus desviaciones sexuales:

> Pero Fô, filósofo socrático y extremo-oriental, está, aparte de Sijé y aparte del Lido, en relaciones con otro grupo un poco extraño; del cual, por ciertas razones, preferimos no saber nada... Fô ha mantenido el purismo estético con más rigor. Su góndola, con las cortinas cerradas, o poco menos, se ha deslizado silenciosamente por el Canalazzo. Dentro, iban algunos representantes del grupo ambiguo. (155)

B. Sensualidad y erotismo.

La sensualidad en las descripciones físicas abarca tanto a Sijé como a los personajes masculinos más jóvenes. Panzini, aquel muchacho capaz de personificar a una muchacha, ha madurado *sabrosamente*. Aun el efecto de los años ha sido favorable para el aspecto físico de este hombre tan "bien plantado":

> [...] la Ifigenia de las representaciones escolares de un día, hoy coloso de bronce de rasgos ya duros —sí todavía puros— cuya precoz calvicie tostada del sol por entero, consuma un carácter inexorablemente estatuario.
> Nada parecería vivir en la serena impasibilidad de este cuerpo armonioso, nada en la fuerza de este cráneo desnudo, si no fuese el negro fulgor de los terribles ojos, en azabache sarraceno. Como en otros colosos de que hablan

los relatos de viajeros antiguos, aquí, por el agujero de las pupilas en el bronce, se dejan ver y salen en ígneas llamas. (71)

La descripción de Panzini bien podría estar en una "novela rosa" donde el narrador trata de inflamar el corazón de la lectora. Véase además cómo hay un empeño muy especial por parte de D'Ors en crear un efecto entre sensual y erótico al calificar los rasgos físicos del personaje con elementos sobrehumanos o marcadamente exóticos: la calvicie tostada le da a Panzini un aire *estatuario*, los ojos no son simplemente negros sino de un *azabache sarraceno;* finalmente se le compara a uno de esos "colosos" de relatos de viajeros antiguos echando fuego por los ojos. Este amante perfecto, que nos hace pensar en la figura de un Rodolfo Valentino sin pelo, pero igualmente seductor, y como escapado de "El Sheik", es el único a quien presenciamos en la novela en físico contacto con la otra gran sensual de la obra:

La mano que disparó, apuntando a la blanca garganta de la patricia de Bolonia [se refiere al disparo que hizo Panzini a su amante], ahora acaricia negligentemente la de nuestra Sirenita, como lo haría con los maxilares aterciopelados de un mimoso y perezoso felino. (73)

La sensualidad gráfica llega, en las descripciones masculinas, a su clímax, en la figura de Agenor. Este hombre podría ser la encarnación varonil de Teresa, la Bien Plantada. En él se conjugan las perfecciones espirituales, intelectuales y físicas. Es un hombre orientado hacia el mundo griego; como si su aprendizaje de la gramática y la escultura griega fuera una necesidad de aquel ser de griega perfección estatuaria. El capítulo dedicado a Agenor, por cierto, comienza con una comparación entre el joven y una estatua del Museo de Atenas, encontrada en Antikythera, de Paris ofreciendo una manzana que ha desaparecido de la escultura. Agenor es "puntualmente y en vivo, la reproducción de este Paris sin manzana" (109), escribe D'Ors, con un cuerpo de "perfección maravillosa", "piernas muy largas y unos tobillos de gran finura" y un cabello ensortijado que complace "por encontrarse en un término medio dichoso entre la molicie realista y la dureza de una estilización ritual" (109). Este *monumento* viviente, como los atletas de la antigua Grecia, anda desnudo:

> No he visto hombre jamás mejor organizado para la
> desnudez. Frecuentemente anda, en efecto, desnudo; pero
> ocurre también que cuando la ropa le viste, le cae muy
> bien la ropa. (109)

Aun cuando salía del agua, le caía tan bien el pelo que "nunca la cabeza de nuestro Paris de carne desmerecía de la cabeza del Paris de bronce del museo" (110).

Agenor, quien había sido retratado muchas veces por ganar partidos de natación, ha recibido varias proposiciones "para alistarse en la hueste de las estrellas cinematográficas" (110) que por "elegancia" ha rechazado. Y es que Agenor, insinúa D'Ors, parece arrancado, como Panzini, de las cintas cinematográficas, de las películas pasionales, de las "novelas rosas", según venimos apuntando, que eran la moda del cine de aquella época.

La sensualidad de las descripciones de Sijé es más directa porque no se limita a generalizaciones estatuarias sino a detalles de su físico más íntimo, como las referencias al pelo de su axila (pág. 29), a su olor, a la desnudez de sus brazos o de sus pies. Hasta los actos más descuidados de Sijé son observados por el narrador con un deleite casi erótico. Una noche que van con Sijé al teatro, después de sumergir la nariz en "la maraña de la negra y encrespada crin [de la joven], siempre perfumada con exquisitos y astringentes perfumes de madera" (46), el narrador observa a Sijé en una concatenación de acciones que por el detallismo descriptivo y por la sutil sensualidad, nos recuerdan ciertos pasajes de Proust de similar delicadeza y aguda percepción sensorial:

> Ella ha hecho esta noche un gran consumo de cacahuetes. Las cáscaras las arrojaba descuidadamente al suelo, por entre las piernas, y, luego, con un pie que había libertado de su sandalia, las aplastaba con vigor. En los momentos de mayor y más escandaloso chorro de risa, este pie subía convulsivamente a lo alto. Leíamos en la planta rosa —rosa contrastando con el oro viejo de la epidermis del rostro del pie, como en los negros— la precaria incrustación de unas cuantas cáscaras... (46)

Después, cuando van todos a comer, invitando a los cómicos y las cómicas, Sijé adquiere una belleza casi sobrehumana; la juventud y la frescura de la joven mueven de nuevo al narrador:

> La muchacha está divina. Entre los rostros y los cuerpos de las pobres actrices —trapos, lazos, maquillaje,

fatiga— resplandece su vigorosa, su tres veces desnuda juventud. Hace un momento, sus cabellos cortos, negrísi-
mos, se levantaban, sueltos, en el gran viento de la carrera del coche y daban a la cabeza un coronamiento de
Gorgona. (47)

Nunca sabemos al fin, hasta dónde llega la intimidad o la
relación de estos hombres con la joven Sijé. La patente sensualidad de tantas descripciones masculinas o femeninas, la tentación siempre presente durante aquel recorrido, las caricias de Panzini a Sijé, todo este "estado de cosas" sugiere actos que el
discreto narrador no cuenta. La actitud misma de Sijé, que li-
bremente se asocia a un grupo de hombres desconocidos y con
ellos va de hotel en hotel, serviría de estímulo a que se le busca-
se —tan seductora como es— para fines carnales. Pero la verdad queda en el misterio. Jacinto Luis Guereña sintetiza así este
aspecto de la obra: "El hombre y la mujer, una narración entre
presencias y ausencias".[4] La idea se podría completar añadien-
do que las *presencias,* lo anecdótico y sustancial, valen por lo
que tienen de *sugerencia;* al otro lado, las *ausencias* que las *presencias sugieren,* forman en sí la otra mitad de la novela, la mitad no escrita que el lector cuidadoso puede fácilmente imaginar y que por lo que tendría de folletinesco, D'Ors excluye de
su obra. Con las ambivalencias que da el autor a algunos personajes y con el velo que echa sobre los actos que ellos puedan
realizar entre bambalinas (o peor, *detrás del telón*), consigue crear
una multiplicidad de "visiones" o soluciones que el lector, ayu-
dado por el narrador, puede desarrollar independientemente.[5]
Con esto logra el diestro novelista enriquecer temáticamente la
novela.

IV. *De la voz a la fatalidad: Natura versus Cultura*

A manera de leitmotiv encontramos el comentario de que
"Para mí, Sijé fue una Voz, antes de ser un Cuerpo..." "Voz",
define D'Ors, "ni siquiera palabra". La primera impresión que
recibe el narrador de Sijé es la de una fuerza bruta, un sonido

---

[4] Jacinto Luis Guereña, "Las iluminaciones dorsianas", *Nueva Estafeta,*
42, mayo de 1982, pág. 82.
[5] Díaz-Plaja sugiere cómo a través de visiones parciales de la trama el lector tiene que imaginar, sintetizando, el todo. Apunta que: "hay que detectar la
síntesis a través de series de detalles mínimos". [Díaz-Plaja, *op. cit.,* pág. 307]

indiferenciado, una *voz* que ni siquiera se puede identificar como *palabra*. La voz, en contraposición a la palabra representa lo irracional, la naturaleza *no harmonizada*. La palabra es obra inteligente del hombre. Sijé, desde el comienzo de la novela se relaciona con la naturaleza virgen, hermosa en lo que tiene de amorfo. En Sijé sobran las palabras. El motivo del final abandono es, precisamente, que la joven desarrolla el hábito de hablar, de opinar, de hacer preguntas, y esto cambia la imagen inicial que los amigos tenían de ella.

La voz, en el primer capítulo, le llega al narrador para llenarlo de vida, de juventud, de dinamismo. La voz de Sijé viene a ser como ofrecimiento de compañía (invitación al origen-desorden) que a manera de ángel de la guarda travieso, acompaña sólo cuando quiere. La voz produce en el hombre un encantamiento; a causa de la fuerza caótica que él presiente que Sijé trae consigo, tan pronto la oye la asocia con el desastre:

> ... Cerré los ojos, en vez de abrirlos. Ninguna curiosidad, ninguna impaciencia. Ninguna necesidad de esclarecimiento, ni siquiera de información. ¿Para qué averiguar si de repente me había quedado seguro? ¿Para qué dilucidar, si me encontraba —al modo de quien, cuando avanzaba por un camino, cae— en presencia de la fatalidad de un hecho? (9)

La tentación que suponen la voz, la palabra y el cuerpo de Sijé vence al hombre que cae fatalmente en las redes que le tiende aquí el "eterno-femenino". Hasta el itinerario de viaje se ve sacudido por la llegada de esta mujer. Todos los planes, todos los "órdenes" están a punto de sucumbir junto con el hombre, en un instante. La idea, como se recordará, viene de *Oceanografía del tedio* y, específicamente, del capítulo titulado "Para eso los crían las madres".[6] Comentaba D'Ors entonces cómo, los hombres, por acercarse físicamente a "una desconocida, tendida en un parque", "en un minuto lo abandonan todo". Pero en *Oceanografía* el hombre no cae; en *Sijé* podemos colegir que sí; aunque sea mentalmente (no llegamos a ver, repetimos, intimidades), el hombre se entrega a los deleites de la hembra. La

---

[6] *Oceanografía del tedio*, págs. 224-225, en la edición de *La Bien Planta da; Gualba, la de mil voces; Oceanografía del tedio* (Barcelona: Editorial Exit S.A., 1954).

figura femenina, sin embargo, es vista —contrariamente, de nuevo, a la encarnación salvadora de Goethe— aquí, tal como en *Oceanografía*, como un agente del mal. El hombre que en *Sijé* ha ordenado su itinerario, al ser tocado por la voz maléfica, lo abandona para viajar hacia una "profundidad", hacia un "abismo". La voz que al fin se identifica como "adiós" ('*Addio*'), se convierte para él en "salutación", en "*ave*" con que Sijé lo flecha para hacerlo caer en *el desorden de la vacación:*

> ¡Sabios planes de viaje, hábiles cálculos de itinerario! He aquí alguien que se dirigió a una lejanía; mas ya avanza cambiando de ruta en un segundo hacia una profundidad. Estudio una topografía, especulo sobre fuerzas, horas, kilómetros... Ahora, empero, bajo, como Dios quiere, no hacia un lugar, sino a un abismo.
>
> Cerré los ojos, los mantuve cerrados, mientras el grito prolongó sus vibraciones en el aire y hasta que empezó a ensancharlas dentro de mí.
>
> Cuando los abrí ya había aceptado. (9-10)

La figura de Sijé sirve, pues, para relacionar o hacer contrastar el mundo de la naturaleza y el de la cultura.[7] Sijé es un viento virgen que sopla sobre lo civilizado o la vida diaria del orden:

> [...] El mundo es nuevo y está desnudo, porque el grito de Sijé lo acaba de sacar de la nada.
>
> Lo ha sacado, fresco y virgen, pero ya adornado con las joyas de todas las culturas. [...]
>
> Nacemos nosotros, bajo el signo de Sijé, como se nace bajo el signo de una estrella.
>
> Atrás quedaron las jornadas morosas de nuestra Cuaresma de diversión mundana y forzosa, mercantilizada y automatizada en los *palaces*. Más atrás todavía, la vida normal y afanosa, los domicilios, los trabajos, "las obras y los días", la familia, el estudio, la gestión, la política,

---

[7] El conflicto entre naturaleza y civilización se presenta en *Sijé* y en *Oceanografía del tedio* de modo semejante, aunque su formulación sea en *Sijé* algo más compleja. En ambas novelas la solución al conflicto entre las dos fuerzas es similar. La vacación, tema central de las dos obras, equivale a ocio y a embotamiento del sentido creador —esfuerzo intelectual que el reposo obliga a que no se convierta en acción—. Para salirse del embotamiento hay que acudir, pues, al trabajo, a la cultura, a la *normalidad*.

el quehacer, la preocupación. Allí, cada día trata su afán. Aquí, porque son vacaciones, cada día va a traer su libertamiento. *"Incipit Vita Nova"*. (27)

El mundo nuevo, Sijé, la vacación, la vida salvaje, la naturaleza, todo es lo mismo. El viaje que realizan estos hombres acompañados por Sijé es una *aventura* en que regresivamente se va de la civilización hacia el origen, aunque los elementos de la cultura nunca se pierdan de vista.[8] La excursión se realiza, después de todo, en la *culta* Italia y en lugares todos urbanos. Por eso Sijé, dentro de su salvajismo, se vale de cosas creadas por el hombre para ser más seductoramente "natural". Sin embargo, estas cosas, al principio de la novela cuando Sijé es todavía un delicioso misterio, parecen acompañar a la joven como por encanto de magia, de manera que el origen de ellas y de Sijé resulta igualmente inexplicable. Pensamos, en particular, en el pasaje a que nos hemos referido, donde se narraba la visita a la representación de teatro. El narrador allí, como se recordará, para evitar los malos olores que le llegaban en el recinto, se refugiaba en el perfume de Sijé. Los perfumes son invención del hombre. Pero la "natural" Sijé tiene la facultad de envolverlos a todos con su particular fragancia que, como ella misma, surge de lo más elemental: Sijé usa perfumes *de madera*.

Muchos capítulos después se completa el sentido de lo que venimos explicando. El salto, en número de páginas, es grande (más de cincuenta), pero el tema de "natura versus cultura" es más claro aún y la presentación del mismo se hace, otra vez, a colación de un perfume. (Se hace indispensable aquí tener en cuenta la semejante importancia alegórica y temática que tenían aquellos olores del Vallés y del trópico, cultura y desorden natural, respectivamente, en *Oceanografía del tedio*). El grupo ha encontrado a la Covazza y la hallan mal vestida. En seguida se aclara que "tras de las semanas que llevamos de vida solitaria y salvaje, forzosamente teníamos que encontrar mal vestida a toda

---

[8] En el capítulo 16, "La cena entre cipreses", se produce una simbólica interferencia del mundo civilizado en el natural. Las botellas de un refinado vino Asti espumoso se sumergen en las aguas naturalmente frescas de una *grotta,* nada menos que "estilo Villa d'Este". Entre las actrices ajadas que acaban de terminar la representación, llenas de *lazos, trapos* y *maquillaje,* resplandece Sijé con "su vigorosa, su tres veces desnuda juventud" (47). El vino y las actrices, lo civilizado, parecen ser contrastados por la presencia allí de lo natural: el agua que refresca y Sijé con su emblemática desnudez original.

mujer que no se nos presentase desnuda'' (99). El desnudarse es el símbolo del regreso al origen; la ropa es producto del orden que la vacación margina. Poco después, en este capítulo, se nos dice cómo Lady Pearsthonfield ha enviado un perfume con el cual los viajeros realizan una suerte de ritual:

> Ahora, por vehículo de Octavio de Romeu, nos ha mandado, como presente, un gran frasco de perfume, de un perfume inédito aún, raro, precioso. Magnánimos nosotros, en vez de reservarlo para nuestra fruición egoísta, lo hemos vertido, entero, sobre el cuerpo de Sijé, sobre la cabellera de Sijé y sobre lo que, en el atavío de Sijé, está a punto de poder llamarse ropa... [...]
> La sirenita ha exhalado este olor por tres días [...] y el cuarto día, al extinguirse el rastro, ha parecido deshacerse uno de los últimos vínculos que todavía nos amarraban a la vida de sociedad. (101)

Llamamos *ritual* a este acto porque lo que hacen los amigos es como una unción que mantiene a Sijé en un nivel ''civilizado'' por tres días únicamente, mientras dura el perfume que viene del prototipo de la vida de sociedad que es Lady Pearsthonfield. Al borrarse este perfume artificioso (no como el de madera que parece salir de la entraña misma de Sijé) se rompe el enlace de los protagonistas con el orden, la mesura, la civilización, y se puede suponer que vendrán sentimientos y *actos,* más *naturales.* La vacación, el influjo de Sijé, poco a poco los va llevando a la anarquía, a la ''orgía'' mental en la cual la sirenita es el centro de atracción física, por representar la muchacha a la hembra natural y salvaje que arquetípicamente (biológica o instintivamente) atrae al macho.

Al final de la novela, cuando Sijé ya no es más que un recuerdo, vuelve por última vez al narrador la memoria de su perfume original que en artificiosa sinestesia se asocia ahora con el sabor de su piel. Con este comentario se concatenan así los pasajes citados y se cierra el tema, mediante una apreciación sensorial que vuelve a situar a Sijé en su plano primario de naturaleza virgen:

> ¡Melancolía...! Pero no importa. Nadie podrá robarnos el recuerdo de aquella especie de perfume de virginidad agraz que respiramos en su piel, cuando todavía sabía a sal por la caricia de las ondas de la Costa Ligur. (176)

V. *Demitificación de Sijé: formulación de una poética*

En su brevísimo prólogo de sólo tres páginas, Carlos d'Ors sintetiza, como ningún otro estudioso de la obra de don Eugenio hasta el presente, el sentido de Sijé, tanto en lo que toca a las implicaciones de su nombre, como en lo que toca a su carácter de símbolo, símbolo que, como ocurre con el de Teresa, al entrar en *la normalidad* (o sea, en lo *anecdótico*), "deja de tener razón de ser, deja de existir, se nos muere" (5-7). A partir de este afortunado aserto nos proponemos dar un paso más y explorar el corazón de la creación orsiana no sólo como órgano propulsor de vida a sus personajes: intentaremos escudriñar aurículas y ventrículos por dentro, ver cómo la presentación de un símbolo que se nos muere entre las manos constituye en sí la formulación, en clave, de una *poética*.

Sijé es, escribe Eugenio d'Ors, "como la Psiquis del mito. *Psiquis,* en griego: 'Psijé'..." (115). Ella es semejante a la joven que al encender la lámpara destruye el misterio y descubre la identidad del amado. También es, por lo que tiene de oceánico, como la hija de Nereo (mar en bonanza) o de Océano.[9] Sijé es la sirenita (según la llaman frecuentemente los amigos) que acompaña a los jóvenes durante la etapa final de la vacación en Venecia, en El Lido. Allí, en las aguas del Adriático, en la playa del Aberoni, donde ciertas ordenanzas "confinan a las auténticas sirenas y de donde Sijé no sale" (145), parece encontrar la joven su habitat perfecto. El carácter acuático de Sijé lo define Carlos d'Ors:

> [...] Sijé [...] como sirena que es, está sumergida y va emergiendo sucesivamente para sumergirse de nuevo en las profundidades del océano.
>
> Sí, porque Sijé al igual que sus hermanas de la ficción dorsiana, es acuática, es hija del mar, del Océano. Constituye pues, junto con Teresa, la Bien Plantada, Tellina, la de Gualba, la de mil voces y Lidia, la de Cadaqués, la cuarta oceánida. (5)[10]

---

[9] Sijé, como las ninfas marinas, las Oceánidas, hijas de Océano y Tetis, viste a la manera de aquellas, con una túnica verde, especie de caftán que con el maillot negro y las sandalias desiguales constituyen su vestimenta cuando la joven se une al grupo. Un aro de plata en el antebrazo y dos aritos en la perforación de las orejas la adornan (pág. 31). El azul o el verde del caftán son colores marinos que usaban las Oceánidas, según la leyenda.

[10] Guillermo Díaz-Plaja, refiriéndose a Sijé, explica:

Cuando el sabio Fô llama a la joven por primera vez con el nombre de "Sijé" establece el paralelismo entre ella y la *Psiquis* del mito, pero, más importante aún, anuncia proféticamente el peligro de que "el encanto" se rompa si la luz viene a herir la oscuridad:

> —Si nosotros no sabemos su nombre ni su condición, ¿sabe ella el nuestro? Entre nosotros nos ha oído llamarnos y eso le basta. Su salvación, la condición de su permanencia entre nosotros, es, precisamente, si bien se mira, esta falta de información. Que debe persistir, ahogando cualquier rebeldía de la curiosidad, cualquier oficiosidad indiscreta.
>
> La oscuridad nos envuelve. En esta oscuridad podemos ser sus amigos. ¡Ay de ella si, mal aconsejada, quisiera, una noche, encender la lámpara! (115)

El comentario puesto en boca de Fô podría llevarnos a una falsa interpretación del sentido de la luz, que parecería traicionar el postulado implícito en la obra de D'Ors y que tan bien resume Díaz-Plaja en el título de su libro, *El combate por la luz.* Según el fragmento transcrito arriba, la amistad con Sijé se puede mantener únicamente en la oscuridad. La LUZ de la lámpara acabaría con el misterio. La luz tiene aquí cierto carácter destructivo, pues consigue aniquilar a un ser, a un símbolo, que por hermoso que parezca se opone —por lo que tiene de naturaleza bruta (Sijé)— a la claridad del orden, la rutina y el trabajo. Ya apuntaba Carlos d'Ors que "Sijé es una vacación" (6), pero vacación más bien por lo que tiene ésta de embotamiento de los sentidos, de escape de la razón, de caída en la oscuridad que consigo trae Sijé. Bien mirado, el símbolo de Sijé, por lo que tiene de deleitoso, se podría asociar con las fuerzas del mal que tientan al hombre y lo sacan del curso recto de la mesura, de "lo angélico". La luz que hunde, metafóricamente, a Sijé en los abismos marinos de donde ha surgido, a la vez salva a aquellos hombres, y, en especial, al narrador, a quienes devuelve a la *normalidad.*

Sólo el misterio que envuelve la relación con la joven permite la continuación, durante la vacación, de esta extraña amis-

---

Con esto se cierra el capítulo de las Oceánidas que, en el pensamiento orsiano, habrían de completarse —según un plan hecho público en 1935— con otras como "Xantipa", "Mercé" o "La Mayordoma", de las que tenemos levísimos anticipos que no permiten dibujar el perfil de ninguna de ellas. [Díaz-Plaja, *op. cit.,* pág. 308]

tad. La oscuridad (o sea, la ignorancia) alienta el encantamiento. Ahora bien, *la lámpara* no se enciende de repente. El símbolo-mito de Sijé no desaparece en un instante: el proceso de demitificación o desacralización es gradual. Durante los últimos días del grupo en Génova, la enigmática Sijé comienza a dar los primeros pasos que al final la pierden: comienza a hablar. Se revela ahora como un ser humano con identidad propia, perfilado en el tiempo y el espacio. Nos enteramos de que en Alassio servía de modelo a un pintor, que al terminar volvería a su casa en Vercelli y que la invitación del grupo de los amigos viajeros la llevó a Génova. Dice: "Mamá se figurará que estoy todavía en Alassio, o que he encontrado trabajo en Niza..." (117). Al respecto leemos en la novela: " 'Mamá', 'trabajo', 'encontrar trabajo'... Es, cabalmente, la dignidad de expresiones así lo que nos exaspera" (117). Esos términos, "mamá", "trabajo", etc., exasperan a los vacacionistas porque son ecos de la realidad que los perturban doblemente, ya que constituyen una distracción de la vacación, al hacerles pensar en la cotidiana normalidad, y porque les hacen ver a Sijé como un ser real. Sijé está bien mientras ni cuenta de los suyos ni pregunta. Pero las cosas no mejoran nada:

> Peor es cuando, en vez de referir, le da por preguntar. Advertimos que el grupo de nuestras damas amigas, que recientemente ha pasado por el Miramare, la intriga demasiado. (118)

El padre y el hermano de Sijé son pintores. El hermano hará una exposición. Sijé tiene la osadía de pedirle al narrador que escriba con tal motivo "un artículo para un periódico de España" (120). Ahora Sijé comienza a hablar de arte. Esto permite un comentario sobre la naturaleza de la joven hermosa, que es, ella misma, una obra de arte digna de contemplación, suerte de cisne o pavo real que está mejor cuando no emite sonidos (excepto la risa) o articula palabras:

> ¿Para qué hablará de arte una boca situada en un cuerpo que realiza, en la gracia, el ideal de todas las artes del mundo? ¿Para qué afanarse en afanes de belleza cuando se *es* belleza? Recordemos lo de Keats: "Un objeto de belleza —'a thing of beauty'— es una alegría para siempre —'is a joy for ever'—..." Sí, a condición de que calle. O de que diga únicamente las cosas que están en su pa-

pel. Que no se meta a mostrarnos su trama ideológica, a *pirandeliar*. (119)

También estaba bien Sijé cuando su vestimenta se reducía a lo más elemental, a unos pocos objetos (dos sandalias distintas, maillot negro, caftán verde y unos aros en el antebrazo y las orejas). Ahora, el viaje de Génova a Monza, lejos ya del mar, ha requerido la adquisición de muchas otras prendas. Al pasar del casi-salvajismo de su vestimenta (y de su equipaje practicamente nulo) a la complejidad de atavíos más formales, Sijé pierde la ingenuidad del ropaje que hasta ese momento la había caracterizado. La ninfa marina, la sirena, se va convirtiendo en ser humano: el ser de fantasía comienza a esfumarse en la realidad aplastante y destructora que acabará a la larga no sólo con Sijé sino con la vacación sin horarios y sin reglas al margen de toda obligación temporal.

Entre las nuevas prendas adquiridas para Sijé por los hombres, aparece misteriosamente un bolso que ninguno de ellos (quienes deciden cómo habrá de vestir cual si la joven fuera una muñeca o una obra de arte aún no terminada) le ha comprado. El bolso se les presenta no sólo como otro artefacto civilizado que rompe el hechizo del primitivismo de la muchacha, sino como un atentado por parte de ella a la voluntad del grupo, que parece haber sido ignorada.

Ahora bien, los amigos al principio sienten por Sijé una pasión que raya en la locura: la quieren a su lado, la invitan, la desean. Sijé se deja hacer. A medida que se humaniza, la atracción por la muchacha va decayendo. Se cambian los papeles: es Sijé ahora quien, al sentir la indiferencia de los hombres, se les agarra. Ocurre aquí algo así como lo que pasa con algunas parejas después del matrimonio, que uno de los dos se desencanta al ver al otro, no ya en plano de ídolo adorado sino de compañero de rutinas (o que recuerde la rutina). D'Ors escribe:

> Sijé tiene hoy un bolso; y esto es casi tan desconcertante como si diera en tener un alma. [...]
> Sin embargo, hoy por hoy, no parece que nos quiera escapar. Al contrario, se nos agarra. Se nos agarra hasta el extremo de que cuesta un triunfo ir a visitar la exposición de arte decorativo sin ella. (123)

Sijé continúa hablando de su vida; mientras más ser de carne y hueso se hace, más se pierde. Por fin cae en lo más *anecdótico* y menos hermoso de su persona o su pasado. Había tenido un novio con quien se fue al venir la guerra. Con él tuvo una hija que murió y enterraron en el cementerio de Verona. Tuvo otro novio. Tomó por profesión el modelar. Se fue a trabajar a Florencia, donde nadie la conocía. A todas las horribles confidencias se añade, de nuevo, la idea del trabajo. Sijé ya no podrá recuperarse de la desgracia en que ha caído entre los amigos:

> "¡Trabajar!"... Siempre, en estos labios, el vocablo atroz. Siempre esta espada, colgando de un hilo sobre la cabeza de nuestras vacaciones. (127)

En Venecia, en la etapa final del recorrido *con* Sijé, la joven se da la estocada final. No bastándole hablar de sí misma, quiere averiguar sobre la vida de los demás, sobre las amistades del grupo, lo cual se convierte para ellos en algo intolerable:

> [...] lo que más nos enoja, y, a ratos, llega a sumirnos en sorda cólera, es su curiosidad; su curiosidad sobre lo nuestro, singularmente exacerbada en estos últimos días... Y, ahora, caigo en la cuenta de que acabo de escribir "lo nuestro"; un "nuestro", pues, que ya no es de "ella"; que es de todos nosotros, y de ella, no; que divide ya nuestra comunidad en dos campos. Que la deja sola; sola nuevamente [...] Y algo nos dice que, en este caso, "sola", quiere decir "extraña". Y "extraña", quiere decir "hostil"... ¡Ya nadie duda, entre nosotros, de que hay aquí una grieta y que, por esta grieta, va, el mejor día, a derrumbarse todo! (143-144)

La curiosidad de Sijé-Psiquis la pierde al encender la lámpara. La grieta es irreparable. Sijé queda aislada, sola, aun para darse los baños de mar. Ella es la sirena que sólo por mar puede traspasar la barrera física que existe entre ella y los amigos, nadando de la playa de los pobres hasta las arenas del Hotel Excelsior donde están ellos. En la última visión mítica que tenemos de Sijé, ha venido por el mar para acercarse a los hombres, pero al notar que Rambaud-Valady la ha descubierto y se le acerca con una copa de zumo, cual huidiza sirena se escapa, sumergiéndose, simbólicamente y para siempre, en la masa oceánica. Sijé, la mujer, volverá a aparecer, pero cada vez más obviamente "animal".

"Aquel a quien los dioses desean perder, es por ellos enloquecido primero" (149), apunta el narrador refiriéndose a Sijé, quien se ha puesto celosa de La Turzia, la cantante. Sijé, con lo que se caracteriza en la obra de "estúpida crueldad", ha hecho a Osbert un comentario malicioso sobre su amiga diva. Se nos relata que Sijé, a quien hemos visto hasta ahora como hermosa muchacha, al hacer el comentario "tenía la cara feroz", "casi estaba fea". Osbert siente extrañeza, cólera, piedad por Sijé y, finalmente, desprecio. Acostumbraba Osbert hacer regalos a quienes despreciaba. Fiel a su costumbre, esa tarde le regala a Sijé un abrigo de pieles. El comentario que sigue no requiere mayor explicación:

> Una sirena, con un abrigo de piel, se convierte, en una morsa.
> Hubiéramos querido poder gritarle a Sijé, los que la queremos tanto aún:
> —¡No te dejes destruir así! ¡Rechaza! [...] ¡Mira que este presente está envenenado! Envenenado de ironía y de otoño.
> Pero, no en vano, nuestra Sirena es nacida en Vercelli, donde se cultiva el arroz, de padres pobres, pero honrados [...]
> No solamente ha aceptado, sino que se ha empeñado en salir con el abrigo puesto, la misma noche, con pretexto de un vago refrescar en la temperatura. (150)

Como se ve, al aceptar la piel revela sus modales y el origen pobre de su familia sin refinamientos (a pesar de la vena de pintores [mediocres] que tienen el padre y el hermano). Pero el abrigo significa mucho más. Primero, el abrigo la convierte en morsa y, segundo, al recibirlo acepta, como Cristo la cruz, el final inevitable. El abrigo es también símbolo del otoño que ya se va sintiendo llegar en Venecia, sin árboles, cuando por las noches el aire se enfría. El abrigo es una superfluidad que "no deja de ser una anticipación". Y el invierno es, alegóricamente, el final de las sirenas. El cambio de estaciones revela el paso del tiempo que marca la transitoriedad de todo lo existente, incluso la belleza. Todo parece confabularse para la total aniquilación de Sijé:

> Las sirenas no sucumben sólo por culpa de la curiosidad, sino por embate del invierno. (153-154)

Y con esto llegamos al meollo del mensaje orsiano, a la formulación de la poética. A colación del verso de Keats, añade D'Ors:

> ¡Tiempo, disolución de toda belleza! Pero, ¿no era la
> belleza "una cosa para siempre"? Sí, una cosa para siem-
> pre, a condición de transfigurarse, de transubstanciarse en
> la idealidad. La Anécdota, ha de convertirse en Catego-
> ría. La Bien Plantada ha de ascender y cambiarse en lu-
> cero... (154)

Sijé se pierde, pues, porque deja de existir como símbolo,
pero más importante aún es el hecho de que con dicha pérdida
termina la novela. Lo que ocurre es que Sijé sólo vale como personaje a los fines novelescos de D'Ors mientras es "voz antes
de ser un cuerpo", imagen sensorial o plástica, estatua o muñeca silenciosa, abstracción o categoría. Cuando se hace ser real,
se agota como material narrativo. Y tan es así que los comentarios anecdóticos sobre Sijé se limitan a unas poquísimas páginas. La gran revelación que hallaremos aquí es que Sijé, más que
"un verano" es en sí *la poética,* la teoría orsiana de la novela.
Sijé, la simbólica, es tema propulsor de la novela: es idealidad,
estilización, pintura. Perdidas estas características el personaje
no sirve ya y D'Ors no puede o no quiere continuar novelando.
Indispensable será ver como antecedente básico de esta doctrina estética el clásico *Quijote.* ¿No muere también Don Quijote
como personaje y como material anecdótico cuando vuelve al
mundo de la razón y deja de existir como símbolo? Pero también como Cervantes, se aprovecha D'Ors de *la vida* de *su símbolo* para animar la trama novelesca en una *realidad* que el lector siempre siente como precaria o simbólica, pero no por ello
menos verosímil o tangible.

La normalidad "natural" mata, pues, la obra de arte. Aunque, según el escritor, es un sentido de "humana" normalidad
lo que permite el esfuerzo colectivo civilizador. A pesar de que
Sijé, la novela, termina, lo que importa desde el punto de vista
humano es la labor diaria, sea ésta cual fuere. En el trabajo edi-
ficador cotidiano también ha de haber poesía, aunque no valga
como belleza o como símbolo. El verano se asocia aquí con el
océano (semejante al de *Oceanografía del tedio*), con la tentación y con Sijé. El otoño que sigue viene a ser como la tierra
de labranza en *Oceanografía,* de donde emana el "olor del Vallés". Verano es volar (es vacación). Otoño e invierno son procrear. D'Ors se pregunta: "¿Dónde está la poesía, en el volar
o en el procrear?" (178). La respuesta, el consejo del narrador
es de esperar: "Hay que volar a todos los vientos de todos los
mares, pero hay que procrear en un nido" (178). La idea se

afianza en un comentario que a manera de despedida recuerda a Sijé y pone en contrapunto a Heráclito y a Platón:

> Aquí termina la historia de Sijé. Termina su historia, porque se acaba su verano. Su verano y el nuestro y un verano más en el mundo. Y porque, dice Heráclito, es imposible bañarse dos veces en un mismo río.
> Heráclito tiene razón. Mas Platón tiene, por encima de razón, ley. Es imposible bañarse dos veces en un mismo río, pero el que se baña [...] ha de agarrarse infinito número de veces, a la misma rama de un mismo árbol seguro. De un árbol arraigado con fuerza en el suelo, en una roca viva; que no pasa, que no transcurre, que no fluye, que no se mueve, no. (178)

Queda claro que nuestro punto de permanencia es la tierra y no el río. La tierra es el asiento permanente del hombre. El río es solamente el sitio para el baño, un estadio, un aposento accidental o temporal, como la vacación de verano, una aventura, una inmersión en un medio ajeno y divorciado del trabajo. Sijé es la aventura comparable al bañarse en el río heraclíteo. Y a la aventura se opone lo estable, el amor:

> La emoción del vuelo se llama aventura, pero sólo aquella otra emoción de la crianza lleva dignamente el nombre de amor.
> ¡Sijé, aventura deliciosa! Aléjate, desvanécete, ya sin cuerpo, ya sin voz, ya sin recuerdo, para que cada uno de nosotros pueda darse al amor y a sus obras. [...]
> ¡Estudiemos, estudiantes, estudiemos! ¡Trabajemos, trabajadores, trabajemos! ''Nando'' remero vuelve a darme [...] la lección de la callada energía, del trabajo cotidiano y humilde. (178-179)

La novela termina con una pregunta que queda sin respuesta: ''¿Qué hay, detrás de cada aventura, cuando se desenlaza la aventura?'' (179). Si recordamos que la aventura existe sólo mientras vive Sijé como símbolo y que cuando muere el emblema muere o termina la obra, será fácil contestar la pregunta de D'Ors. Más allá de *la aventura* (de la obra de ficción, de la literatura creadora) está únicamente lo que D'Ors vería como pura anécdota, todo aquello que no importa a sus fines de novelar: la vida, desprovista de literatura, de palabras, pero llena de acción eficaz, como la que realiza el ubicuo Nando, dándonos su eterna lección de ''callada energía''.

VI. *Los binomios orsianos*

Como de costumbre, D'Ors presenta en marcado contraste personajes, términos y categorías antitéticos. Teresa, la Bien Plantada, quien se menciona varias veces en la novela, es la contrapartida de Sijé. Teresa va de anécdota a categoría; Sijé de categoría a anécdota. Teresa "ha de ascender y cambiarse en lucero" (154). D'Ors ve en Sijé un destino contrario cuando pregunta

> ¿Habrá modo de elevarte a estrella también; o al contrario, habrá que dejarte en pasto a la muerte, a la muerte toda, como un fruto, esperanza vana, que de la rama se cayó y se pudrió en el suelo, y su carne se volvió barro, y su almendra se disipó en la nada? (154)[11]

Y téngase en cuenta que Sijé no realiza, como Lidia, un viaje en la tierra hacia la profundidad matriz de las raíces, sino que queda en la mera superficie de la tierra víctima de la putrefacción como fruto caído. Teresa sube. Sijé se hunde tan sólo en el océano informe. Teresa, por ser belleza transfigurada, se salva. Sijé, cuya belleza se hace fealdad (física y espiritual) de morsa se pierde. La luz de Teresa se materializa en un lucero. La luz de Sijé, por el contrario, aparece simbólicamente como forma de la curiosidad que la destruye. La luz de Teresa es permanente como la de los astros cuya duración nos parece eterna. La luz que da la belleza o la existencia de Sijé es efímera, como la de los héroes que muy a propósito saca a relucir el narrador en la escena en que se despiden de Sijé para dejarla en Venecia e irse a Cortina d'Ampezzo. El otoño ha llegado a los Alpes: hay nieve en las montañas. El final de la vacación y de Sijé lo determinan estas nieves. La muerte se hace más evidente físicamente con la proximidad de un cementerio que está junto al hotel en el paso de Tre Croci. El cementerio se convierte en lugar de visita. Hay allí un rótulo que dice: "El crepúsculo de los héroes no conocerá noche" (170). Irónicamente, el letrero se oculta "ya a la cinco de la tarde —en una sombra muy tupida". El brillo de los héroes que el cartel recuerda se opaca y se olvida fácilmente con

---

[11] Sólo al principio de la novela, cuando todavía el misterio envuelve a la joven Sijé, cuando no se ha descubierto su real naturaleza de *desorden*, es comparable a una estrella. Esta identidad cósmica o simbólica desaparece a medida que avanza el proceso de *desacralización* o *demitificación* que hemos detallado. Apuntaba D'Ors, pues, en el capítulo 8: "Nacemos nosotros, bajo el signo de Sijé, como se nace bajo el signo de una estrella" (27).

la caída de la noche (también una forma de muerte) como el brillo meteórico de Sijé que se va en un minuto.

A Teresa la impulsan las fuerzas del Bien. A Sijé la mueven las fuerzas del mal. Al principio nos parece que aquella muchacha-muchacho es la personificación de la pureza. Al salir a relucir la verdad de *su anécdota* —de su vida—, sin contar siquiera la relación que pueda haber tenido con los hombres del grupo en la intimidad, comprendemos que Sijé está alineada con las huestes del mal. A fin de cuentas, la vida de la joven no es muy diferente de la de la cantante La Turzia, cuyo existir licencioso se critica en la novela. La Bien Plantada, apunta D'Ors, "es todavía para nosotros, una idea: y es porque a todos nos rechazaba" (154). "Tú", le dice a Sijé, "fruto delicioso de vacaciones, tú, que a todos te has dado y te has dado toda, ¿cómo hacer para eternizarte, si siempre la vida eterna, se compra a precio de eternidad y si, para salvar el alma, no hay que aceptar la juventud que, en la noche de Pascua, brinda Mefisto a Fausto?" (154). Sijé, por su vida libre, por entregarse TODA, habrá de mostrarse alegóricamente como fruto que se corrompe con la muerte en la superficie de la tierra sin lograr siquiera cristiana sepultura. Su otra muerte es la que le aguarda en las aguas donde se sumerge, las mismas que en *Oceanografía* o en *Gualba, la de mil voces* dan paso al caos o al desorden, o cobijan los sentimientos más sombríos, respectivamente.

Otros muchos conceptos antitéticos se presentan a lo largo de la novela, algunos de ellos explicados ya en nuestras páginas con cierto detenimiento. Sabemos, por ejemplo, que el verano se opone al otoño o al invierno y que el primero es placer en oposición a los dos últimos, que representan el trabajo. El verano es, además, la aventura, mientras que el otoño es el orden del amor que permite procrear. Verano es también río (a la manera de Heráclito) y la estación que sigue es alegoría de la tierra a que nos afianzamos. Sijé es el verano, la perdición, el pecado. Al otro lado está la verdadera salvación, el trabajo, la vida de mesura. Al goce, a la perdición, a la disipación, se oponen, en síntesis, el orden productivo, la salvación, el *verdadero paraíso para siempre* y la bondad.

VII. *A manera de autoexégesis*

A manera de autoexégesis, D'Ors incluye en la novela dos capítulos, el 31 y el 38, dedicados a sí mismo. El primero, titulado, "El gran ausente", nos ilumina sobre su *alter ego* Octavio de Romeu. El segundo va titulado simplemente "Yo". Ambos breves capítulos no establecen en realidad un sistema de valores literarios ni profundizan demasiado en la visión del mundo o de las artes del escritor, pero, por lo menos, perfilan a éste físicamente y lo sitúan en un marco temporal intelectual. No faltan allí, por otra parte, apreciaciones sobre la naturaleza del hombre, sus debilidades y la civilización presente y venidera. Aunque estos capítulos muestran, arbitrariamente, sólo algunos aspectos de la personalidad de D'Ors, sumados a *la poética* en clave que podemos extraer de la lectura de la novela, nos permiten afinar nuestro entendimiento sobre el propósito y fundamento de la obra orsiana.

La sombra de Octavio de Romeu, aclara D'Ors, está siempre presente en el grupo, y propone el autor que Fô, el gran sabio e intelectual, es como algunos caudillos políticos que operan inspirados por otro individuo "de quien reciben secretamente la autoridad" (89). El inspirador de Fô habrá de ser, pues, Octavio.

Octavio de Romeu es descrito físicamente por comparación con el escritor francés Maurice Barrès: la misma estatura, "la delgadez, el mechón caído", "la negligencia altiva y algo morosa, la finura amarga y un cierto malhumor" (89). Octavio, hombre de "mirada melancólica" y varios años más joven que Barrès, "ha vivido como él, toda la etapa de la sensibilidad del 'Fin-de-Siglo' ". Atestigua D'Ors, confesionalmente, el papel que le tocó vivir enfrentado al romanticismo que con tanto empeño combatió. El uso de su *alter ego* le permite, sin innecesaria modestia, enjuiciar desde fuera aquella batalla en la cual su figura intelectual tuvo tanto que ver en el camino que tomarían las letras catalanas y españolas de principios de siglo, y aún después. El pasaje se concentra en lo más personal y vale como documento para entender mejor la idea que tenía el Maestro entre 1928 y 1929, a los 47 o 48 años, de su vida. Veamos:

> [...] la reacción de nuestro gran ausente [Octavio de Romeu] contra la hora de cultura en que abrió los ojos al mundo es una de las más completas y violentas que la historia universal de las ideas haya conocido en la biografía de los espíritus originales. Al adoctrinamiento en la posición antirromántica de Octavio de Romeu, debemos todos todas nuestras orientaciones más firmes y seguras. Si a éste no le llamamos el "Filósofo" es porque le decimos siempre el "Maestro".

Antaño, hará tres lustros, cuando yo, nuevo Ecker-
man, recogí sus *Conversaciones,* hubo de parecerme —y
en el curso de ellas así lo escribí— hombre harto viejo.
Cuarenta años se me antojaba, por aquellos días, una suma
enorme. Hay que decir también que, regresado a nosotros
tras de una ausencia mucho más larga que las de costumbre, le habíamos encontrado entonces fatigado y muy distinto, en una posición de retiro, que, en rigor, la cifra de
su edad no justificaba.

[...]

Aunque ya mil veces lo haya dicho, repítase aquí, nada
más que para ayudar a la fijación de la imagen en la mente,
que todavía Octavio de Romeu lleva a veces (cuando no
son vacaciones), el sombrero de copa. Y que sus manos,
por lo agudas, precisas y eficaces, han sido comparadas
a los instrumentos de la cirugía moderna. (90-91)

En el capítulo titulado "Yo", D'Ors comenta sus conversaciones o entrevistas en las cuales ha contestado ciertas preguntas de índole cultural o moral. Según su parecer, los hombres
de su época leían menos que los de cincuenta o cien años atrás.
D'Ors presagia cómo la "civilización del inmediato mañana", in-
fluida por el auge de la pintura, la cinematografía, los reporta-
jes fotográficos, etc., será una cultura "visual" en la cual la lectura jugará un papel muy secundario. En medio de todo esto
él será un rebelde que no abandonará sus hábitos de metódico,
apasionado lector. A colación de una prominencia que se le ha
formado sobre un párpado, escribe:

"A las asistentas —le expliqué— que bregan años y
años con piernas y pies para frotar los pavimentos, les salen durezas en las rodillas. Esta es mi dureza, a fuerza de
incansable ejercicio en el mirar y ver". (113)

Este último comentario de don Eugenio revela un aspecto
primordial de su doctrina estética. El hombre, mediante el esfuerzo de la inteligencia ha de *mirar* (curiosidad por superarse
y aprender) y *ver,* o sea, *penetrar* el sentido de aquello que lo
rodea, *entender.* La idea de la importancia de la inteligencia es,
sin duda, el aspecto más interesante del capítulo. D'Ors señala
cómo de las dos tentaciones del hombre, la mayor es "la inmortalidad, la de perpetuarse" (111). La otra tentación, que nunca
nombra, es seguramente la tentación de la carne, la cual, según
apunta, se puede dominar "mediante el cultivo de las artes fi-

gurativas" ya que "la multiplicidad de imágenes que ellas nos proporcionan da una materia de contemplación" que nos permite reemplazar la "materia de posesión, y deja el alma, de este modo, contenta y edificada a la vez" (112).

La tentación de la inmortalidad, por ser la más grave de las dos tentaciones, es necesario dominarla, porque según D'Ors "la tentación de perpetuarse en la gloria nos llevaría, si no la domináramos, a la vanidad" (112). Esto sólo se logra, como es de suponer, dada la coherencia de pensamiento de la obra orsiana, "mediante la visión, la contemplación y, en último término, la inteligencia" (112). *Visión, contemplación e inteligencia* son, en efecto, las consignas que rigen la vida y la producción literaria del Maestro. *Ver,* pues, es también *adivinar* mediante el razonamiento y no el azar, o sea, *comprender* mediante el esfuerzo consciente. *Contemplar* significa para D'Ors *observar* desprovisto de pasión, como aquel periodista de Ortega que presenciaba la agonía de un hombre sin intervenir emocionalmente en el acontecimiento. *Inteligencia,* por último, es el ejercicio puro del intelecto o potencia intelectiva que permite las funciones anteriores de *ver* y *contemplar.* Es esa supremacía de la inteligencia, que aquí presenta D'Ors en esta nueva (pero vieja) lección suya, la que lleva a la elegancia y a la mesura, o lo que es lo mismo, la que conduce a *lo angélico.*

Sijé es, posiblemente, de todas las obras creadoras de don Eugenio, la más mesurada, la más eficaz en cuanto a sus silencios, la que más sugiere. Sin quererlo, el lector se hace cómplice del narrador quien, a través de estas páginas, logra hacer que el primero *vea* y *contemple.* En *Sijé* se reúnen, en armónico compendio, la inteligencia, el buen gusto y la elegancia angélica de la *obra bien hecha.*

LIDIA DE CADAQUES

La verdadera historia de Lidia de Cadaqués[1] es la más coherente y orgánica de las obras de ficción de Eugenio d'Ors. Esto se debe a varios factores: (1) fue su último gran esfuerzo narrativo, completado para su publicación poco antes de morir, (2) fue concebida la novela como una totalidad y no como colección de glosas que se dedicaban primeramente a la publicación fragmentada, (3) más que en ninguna de sus otras novelas, hay aquí personajes "reales" que animan la trama donde, aparte de lo simbólico que en ella encontramos, hay clímax y desenlace aunque el autor trate de diluirlos en el fluir narrativo y, (4) por último, es, a cabalidad, un modo de cerrar balance por parte de D'Ors, de concluir el capítulo iniciado con *La Bien Plantada* cuarenta y tres años atrás.

Fiel siempre, aun en las postrimerías de su vida, a los preceptos estéticos que siempre predicó, no se dejó el escritor dominar del todo por las convenciones del género novelesco al cual se aproximó aquí más que nunca antes. Aparte de aquellos pasajes que desvirtúan a Lidia como ser de carne y hueso y la presentan como figura plástica o de carácter pictórico, hay otros intentos por parte del autor para hacer ver al lector que no es típica novela lo que escribe. Prueban este hecho sus disculpas por lo que su obra pueda tener de convencional —que transcribimos en nuestro capítulo sobre su método de narrar—, los intercalados sueños de Lidia que, por justificados que sean, interrumpen momentáneamente la continuidad (el anecdótico fluir) de la novela, y la "Quinta Parte" de la obra, que nada aporta al desarrollo de la trama.

---

[1] Barcelona: José Janés Editor, 1954. Citamos siempre por esta edición e incluimos en el texto, entre paréntesis, los correspondientes números de páginas.

Tendría D'Ors unos veintidós años cuando visitó Cadaqués. Allí fue hospedado por una pescadora llamada Lidia Nogués de Costa. Durante la estancia en casa de Lidia parece que los dos conversaban bastante. Un buen número de años después Lidia llegó a creer que algo había de ella en el personaje de Teresa, la Bien Plantada, y tal vez sus razones tendría para ello. Después de la partida de D'Ors, Lidia le escribió en varias ocasiones cartas que el escritor probablemente nunca contestó. Pero Lidia, a través de amistades que conocían a don Eugenio, seguía desde Cadaqués su itinerario y se percataba de su creciente reputación. Sólo una vez más vio D'Ors a Lidia, en 1923, con motivo de unos Juegos Florales, en un breve encuentro mientras él y un grupo de amigos hacían una expedición a las ruinas de San Pedro de Roda. En septiembre de 1953 D'Ors visitó Cadaqués y después Agullana, donde había muerto Lidia; allí había pasado ella sus últimos días recluida en un asilo. Esto es lo concreto: una estancia en Cadaqués a los veintidós años, un encuentro fortuito de unas horas con Lidia, muchos años después, y una visita a la zona para recoger material que incorporar a su novela. Este último hecho nos reafirma, por cierto, la intención de D'Ors de emplear lo anecdótico como base de su obra.[2] Pero aunque es imposible precisar hoy cuánto material sobre la vida de Lidia recogió, por mucho que fuera, bien sabemos que los personajes de cualquier novela adquieren tan sólo *aquella vida* con que quiera animarlos el autor. Lo anecdótico sirve, más que nada, para pautar el camino que ha de seguir la trama que con gran imaginación D'Ors rellenó. Lo que logra es, a fin de cuentas, una Lidia que, tal como él la presenta, posiblemente nunca existió. La Lidia del libro tiene proporciones morales gigantescas; su locura la convierte en numen, y, como Teresa, también es un símbolo.

Partiendo de estas premisas, será necesario ver a Lidia como *lo que D'Ors quiso hacer de ella* e interpretar los acontecimientos como hechos *de novela* que él maneja a su antojo. Creemos que la excelencia de esta obra no estriba en el orden de aquellos acontecimientos que puedan haber ocurrido sino en la eficacia con que el autor los emplea para dar forma a uno de sus más complejos personajes novelescos.

---

[2] La única otra obra de extensión donde lo anecdótico tiene cierta importancia es *Sijé*.

I. *Lidia y Teresa*

Guillermo Díaz-Plaja observa entre Lidia y Teresa, la Bien Plantada, diferencias y semejanzas: "La Lidia, el reverso de la medalla de Teresa, pero —como Teresa— mal juzgada y mal comprendida [...]"[3] También aclara lo que se había convertido en juicio común sobre estos dos personajes: "[...] Xenius cerraba así la doble mitología de Teresa y de Lidia, una y otra mal conocidas y mal interpretadas, Teresa, porque corría el peligro de ser convertida en bandera nacionalista; Lidia, porque lo anecdótico privaba sobre su calidad de símbolo".[4]

Las interpretaciones superficiales han llevado a la incomprensión de que escribe Díaz-Plaja. Tal como queda apuntado en nuestro capítulo sobre *La Bien Plantada,* Teresa es, además de símbolo, vital, *humana* mujer capaz de nutrir la raza, y Lidia es, más que mera anécdota, también un símbolo. En *Lidia de Cadaqués* vuelve D'Ors a mezclar en ingeniosa y armoniosa síntesis la anécdota y la categoría.

Lidia y Teresa, si uno quisiera verlas como *opuestos,* habrán de ser opuestos reconciliables o, preferiblemente, inseparables complementos.[5] Tantas son las referencias a Teresa en *Lidia de Cadaqués,* que al leer la obra se nos hace muy pronto evidente que *Lidia* ha sido escrita *en función* de *La Bien Plantada* y, sin duda, para "redondear" un personaje [el de Teresa] y una idea que habían quedado inconclusos. Discrepamos de Jardí en que Lidia sea una contrafigura de la Bien Plantada o que Teresa fuera "la norma" y Lidia "el instinto".[6] Lo que confunde es que sabemos que Lidia realmente existió y, para mayor desconcierto, que D'Ors sigue explícitamente el hilo anecdótico.

---

[3] Guillermo Díaz-Plaja, *El combate por la luz. (La hazaña intelectual de Eugenio d'Ors)* (Madrid: Espasa-Calpe, 1981), pág. 302.

[4] Díaz-Plaja, *op. cit.,* pág. 302.

[5] Expresa D'Ors su interés en ver unidas a Teresa y a Lidia cuando se planea llevar a la escena *La Bien Plantada.* D'Ors apunta en el texto de *Lidia de Cadaqués:*

> Por esto se me antojó una garantía el que Ataulfo Argenta, al acercarse a mí, hace poco, para lograr la debida anuencia en lo de llevar a tablas y a música el tema poético de "La Bien Plantada", consintiese en no separar la evocación de ésta de la evocación de su exégesis viviente, la personalidad espiritual y espiritada de Lidia, la de Cadaqués. (168)

[6] Enric Jardí, *Eugenio d'Ors - Obra y vida* (Barcelona: Sociedad de Estudios y Publicaciones, 1967), pág. 318.

Pero, aunque la anécdota es evidente, en ella hay mucho más de invención de lo que se ha creído ver y, por añadidura, la categoría está presente desde el comienzo del libro. En la primera página ya D'Ors nos pone sobre aviso:

> Si paró en bruja, si ahora está ascendiendo a Numen, es porque a categoría extraordinaria trascendió una vindicta anecdótica [...] (7-8)

Apunta Jardí que Teresa "era casi una estatua; la otra una bruja, la expresión de la fuerza oscura que emana de la tierra y que, muchas veces, se manifiesta en los humildes, en la mujer del pueblo, en la comadre".[7] Pero, bien mirado, si Teresa era, en cierto modo, una estatua, ¿qué diremos de Lidia, a quien, como hemos visto en gran detalle, D'Ors califica de *estatua* en repetidas ocasiones?[8] No sería factible pensar que Lidia es nada más que una *fuerza oscura* si D'Ors se esfuerza por elevarla a la categoría de numen y realiza un proceso de mitificación —al cual, por cierto, se refiere el propio Jardí acertadamente— que la salva, al igual que a Teresa, de las limitaciones terrenas.

Dos de las tres cartas escritas por Lidia que Xenius, el personaje libresco,[9] recibió, iban firmadas con los seudónimos de "La Bien Plantada" y "Su amiga inolvidable, Teresa". Otra carta va firmada por "Teresa de Jesús", anuncio del carácter religioso que dará D'Ors a Lidia más tarde en la novela. En otra de estas misivas llega a firmar la pescadora como "Teresa de Xenius" (71-72). Lidia vive obsesionada por la figura de Teresa. En el sueño que tiene de la Capilla Sixtina aparece la Bien Plantada: junto al gigante fornido Lidia ve "una forma larga de mujer, envuelta en una toca, muy parecida a la que se ve en una cubierta del libro de La Bien Plantada en un dibujo de Xavier Nogués" (134). El destino de Lidia se encadena, ampliando D'Ors la relación entre la pescadora y las visiones pictóricas de Teresa, con la representación gráfica; la cubierta de la edición de *La Bien Plantada,* donde Teresa aparece siendo lapidada, marca anticipadamente lo que va a ocurrir también a Lidia. Al asu-

---

[7] Jardí, *op. cit.,* pág. 318.

[8] Referimos al lector a nuestros comentarios en el capítulo "D'Ors y su método de narrar".

[9] Imposible es de determinar hoy la veracidad de muchos detalles anecdóticos. Al referirnos a Xenius pensamos en el personaje de ficción y no en el autor propiamente dicho, aunque *Xenius* haya sido uno de los seudónimos más usados por D'Ors.

mir Lidia la personalidad de Teresa, acepta el destino que ésta proyecta sobre aquélla:

> En su mente, ésta, atroz, se le presentaba como cumplimiento de una profecía. Estaba escrito. Mejor dicho, estaba dibujado, en la cubierta de una de las ediciones de "La Bien Plantada", por mano de Xavier Nogués. En este dibujo se veía a Teresa, temerosa, agredida a pedradas por unos enanos mostruosos... Si Lidia se había enajenado a Teresa, nada más natural que el sufrir Lidia los tormentos de Teresa. (144)

En el primer capítulo D'Ors establece una afinidad entre Lidia y Don Quijote, a partir de la afición de ambos por ciertas lecturas, y hace notar que hasta en la edad coinciden. A Don Quijote lo llevaron a la locura los libros de caballería; a Lidia, las denominadas por ella "Torratxas" (*L'Esquella de la Torratxa*) y, singularmente, *La Bien Plantada:*

> En el momento de conocer a Teresa, la Bien Plantada, la Lidia, tenía la edad en que a Don Quijote le sorbió el seso la lectura de los Libros de Caballería. (72)

Cuando Lidia se va a vivir a la cueva, allí se lleva el libro de *La Bien Plantada*. Después, en el asilo de Agullana, como a Don Quijote, le arrebatan el libro donde había buscado orden y belleza y se lo queman. Paradójicamente, el libro que la enloquece es el libro que *le da razón*. Lo que se cree locura de Lidia es en realidad suerte de incomprendida "purificación" (o sublimación) que la redime y enaltece. De tal modo, los defectos de Lidia se convierten, igualándose a Teresa, en ventajas y perfecciones. Durante su estancia en Agullana, Lidia, como Teresa, se hace portadora del orden, el equilibrio y la equidad:

> Porque ahora, no se trataba de un Caballero que desafiaba, sino de una Pescadora, a quien no faltó, mientras la desdichada no se ensañó en su anécdota, su "libro de razón", de orden tan distinto, que se tituló "La Bien Plantada"... Luego, vino la prueba. Pero hasta de la misma prueba salió la Sibila triunfante, gracias a Agullana. (184) [...] La Lidia pordiosera, la Lidia bruja, la Lidia insocial y lapidada, la Lidia que cambiaba las consolas en personajes y los pedruscos en radio, dejó paso, gracias a la caridad de unas cuantas almas generosas [...] a la Sibila del equilibrio y de la equidad. (185)

Repetidas veces se refiere D'Ors a la transformación de Lidia en Teresa y a la identificación entre ambas. Mediante el paradójico descenso de Lidia que es a su vez asunción, el autor la convierte también, como a Teresa, en espíritu de la tierra y, por tanto, de la raza catalana:

> El heroísmo se vio recompensado. Primero, por la enajenación, que trocó a Lidia en Teresa. Luego, por la asunción —asunción que no es ascensión; asunción hacia lo subterráneo y profundo— que metamorfosea a la nueva Teresa en telúrico Numen. (165)

El propio D'Ors apunta cómo Lidia *completa* el personaje de Teresa y alude al árbol que la representaba. La espiritualidad de Teresa surgía de su condición de "bien plantada", como aquel árbol que tenía "fuertes raíces en la tierra". Si bien en Teresa lo que predomina es lo aéreo, hojas y ramas que necesitan de las buenas raíces para llegar a su plenitud emblemática, del mismo modo Lidia, que es esencialmente la profundidad oscura de las raíces y la tierra matriz, necesita de lo aéreo (la parte del árbol por encima de la tierra) para proyectarse también simbólicamente. Visto así, el ascenso de Teresa es equivalente al descenso (nada menos que *asunción*) de Lidia. Teresa y Lidia coinciden también en el hecho de que, tal cual árboles "bien plantados", las raíces las nutren como impregnándolas propiciatoriamente para la maternidad de la raza. De Teresa escribe D'Ors: "¡Porque tienes buena planta, buenos frutos darás!"[10] Lidia viaja en la profundidad hasta llegar al centro originador de las "Ideas-Madres" (157). Las dos mujeres, reencarnando el "Eterno-Femenino" de Goethe, deben verse, según la intención telúrico-nacionalista de don Eugenio, como hembras fértiles capaces de asegurar la continuidad de La Raza.

Una vez cumplida la misión de subir a San Pedro de Roda, en aquella excursión narrada en la novela, comienza el descenso. Lidia, a pie, acompaña a Xenius junto a su cabalgadura. De repente el grupo nota que Lidia se ha desvanecido. Los pensamientos de Xenius sobre la naturaleza de Lidia parecen hacerse realidad cuando alguien hace un comentario sobre la desaparición de la Sibila. D'Ors aprovecha este raro acontecimiento (real o inventado, no importa) para acrecentar el carácter misterioso o mágico de Lidia. Así va pensando Xenius durante el descenso que llevará a Lidia a *otro descenso* mucho más relevante:

---

[10] *La Bien Plantada* (Barcelona: Editorial Exito, S.A., 1954), pág. 74.

"A los ojos de la razón, esta singular mujer no es la Bien Plantada; pero quizá la completa. Ella levantó la arbórea copa al cielo, cargada en frutos porque tenía buenas raíces. Esta va a profundizar en el oscuro imperio de las raíces, porque un milagro ha querido que un esplendor del cielo, un resplandor de justicia, fuese con ella".

Así, lo que en Teresa dibujó una ascensión hacia el cielo de Roma y más alto que los cipreses de Tívoli, hasta volverse estrella, en Lidia es un descenso, un descenso a través de la gleba patria, por camino de montes desnudos y desfiladeros angustiosos, hasta las cavernas subterráneas; hasta los antros telúricos, donde moran, impasibles, las Ideas-Madres. Los Angeles reciben cantando a la Bien Plantada, mientras que los Gnomos van a recibir, forjando, a la Comadre. Todo vale como eternidad. [...] Al empíreo de la Inteligencia o el orco del Instinto. A la República universal de las Ideas o a la República universal de las Matrices... (156-157)

Cuando notan que Lidia ha desaparecido, se detiene la comitiva y alguien dice:

—Se le habrá tragado la tierra.
Xenius se estremeció, por lo que le parecía esta frase concordar con su pensamiento. (157)

No sólo se ocupa D'Ors de encadenar aquí los personajes de Lidia y Teresa sino que dedica, además, un capítulo completo a enjuiciar el libro de *La Bien Plantada* y a rememorar la reacción pública a la aparición de la obra. Aclara en estas páginas el sentido simbólico de Teresa como concepto de Nación y Raza, aparte de comentar sobre el polémico capítulo de "La ascensión de la Bien Plantada". Esta revisión tardía de *La Bien Plantada* y, precisamente, en el cuerpo mismo de *La verdadera historia de Lidia de Cadaqués* denota, otra vez, la marcada intención del escritor de concatenar tanto en el plano simbólico como en el histórico o cronológico estas dos importantes obras de creación.[11]

---

[11] Hasta en el epitafio que se piensa para Lidia, a su muerte, se asocian las dos mujeres. Allí se menciona que Lidia "dialécticamente fue y no fue a un tiempo Teresa la Bien Plantada" (177). Citamos en su integridad dicho epitafio al final del epígrafe "Cabras y anarquistas. Ultima formulación de *Lo angélico*".

II. *Lidia y Xenius*

Así como hay la "Lidia" que pasa a "Teresa", hay también la "Lidia" que pasa a "bruja". Al principio de la novela se describe al personaje con cualidades físicas y morales que, excepto por unos "dientes en falla", van de lo positivo a lo extraordinario. Lidia tiene unos cuarenta años, vientre potente, es soberana, majestuosa, próspera, independiente. Xenius no dejó de sentir hacia ella cierta atracción: "vio a la Lidia casi hermosa" (12). El joven admiró sus ojos y sus cejas. También es descrita como una mujer sensible, de buen gusto (capítulo 3, Primera Parte), buena administradora, puntual y presumida (capítulo 5, Primera Parte). La locura hace a Lidia perder prácticamente todos estos atributos. Quizá lo único imperturbable en ella fuera su afán de justicia. Hasta su presunción se pierde. Convertida en bruja y rescatada después por el asilo, tienen que bañarla, y al fin, con la entrega del peine que ordena los abandonados cabellos, vuelve Lidia al final de sus días al orden que, de manera preparatoria para su paso a símbolo, predominaba en su vida antes de la *funesta* llegada de Xenius. El arribo de Xenius es lo que desencadena el desastre en la vida de aquella mujer. Es él un elemento pertubador del orden, inesperado, que viene a estremecer la vida de Lidia y a alterar la disciplina que ella, con todas sus encomiables cualidades personales, había logrado establecer.

La llegada del joven lleva a la pescadora a un conflicto con su hijo Honorio, quien comprueba que el afecto de su madre por un extraño, Xenius, es más importante para ella, más dulce, que las ataduras de la sangre. Cuando Xenius se marcha, su germen corruptor del orden, como un empecinado virus, queda allí: Lidia pierde su habilidad de llevar el negocio de pescado para terminar loca en la cueva de Cadaqués. Prueba de todo esto que venimos apuntando es el hecho de que, al final de la novela, para sacar a Lidia de su locura, se realiza una verdadera labor de exorcismo con que extirparle el demonio-Xenius que se le ha metido dentro: el baño es el ritual purificador con agua; el peine es el instrumento que la devuelve al orden; la cruz es lo que sustituye su pasión por Xenius con el amor hacia Dios. Recuérdese también cómo el libro que ha sido causa de su enajenación se somete a la purificación definitiva y destructora del fuego. Lidia queda en esa simbólica depuración o exorcismo, "limpia como el lirio del valle" (180), frase que ella misma solía decir a Xenius a prin-

cipios de conocerle para referirse "a su propia intachable actitud conyugal" que le permitía ir a su esposo "pura como el lirio del valle" (31). Y sin embargo, la cura no ha sido total,
definitiva. Puesto que ahora, en su nuevo *orden*, Lidia ha perdido su ejemplar de *La Bien Plantada*, "a falta del libro, consin-
tió en rehacer sus fuentes de lectura mediante una colección, em-
pezada de nuevo, de recortes de periódicos" (180). Así busca,
aun después del exorcismo, la Lidia pura, el recuerdo de Xenius.
Mediante la veneración casi religiosa de la pescadora por Xenius, a quien ha dado magnitud divina, aquella se inmortaliza
y se idealiza. El precio pagado por la Sibila, ya lo sabemos, ha
sido la locura que la destruye como ser humano, o según prefe-
riría enunciarlo D'Ors, como Anécdota. La conclusión de todo
lo apuntado es que, de la misma manera que el "eón" barroco
femenino unas veces salva (como lo hace Teresa) y otras pierde
(la mujer de *Oceanografía*), el "eón" masculino, en *Lidia de Cadaqués,* lleva, de consuno, a la perdición o la muerte y a la salvación o la eternidad.

A. Correspondencias.

Lidia y Xenius se relacionan también por los caminos de
la justicia, del bien y del mal, y del espíritu. Por una parte Xenius es un agente externo que pierde y salva a Lidia, pero, por
otra parte, es un ente con quien Lidia se identifica, formando,
los dos, especie de unidad. Puesto que lo que atañe a Lidia con-
cierne también a Xenius, la justicia de ella —sobre lo cual pone
D'Ors muchísimo énfasis— es la justicia de él. Para precisar la
causa de ese afán justiciero de D'Ors tenemos que remontarnos
a la historia literaria de su carrera que se incluye en la novela
asociada a Xenius.

En casa de Lidia entraban pocos libros, pero sí llegaba, cada
viernes, *L'Esquella de la Torratxa,* "infecto semanario" (14) que
Lidia leía cada sábado a pesar del desprecio que sentía por él.
Por aquel entonces comenzaron en las "Torratxas" los ataques
a Xenius:

> [...] vio Lidia juntas, en una "Esquella", las dos ex-
> presiones: "Un desequilibrado" y "Un neurasténico".
> —¿Usted sabe por quién va eso?— preguntó Lidia a
> Xenius, a quien había empezado a consultar en los casos
> difíciles.
> —Por mí, Lidia —dijo Xenius—. Va por mí. (15)

Nunca antes había escrito D'Ors tan exacerbada y abierta autodefensa como la que nos da en *Lidia de Cadaqués*. Aquí, con sed de una justicia que sabe, por los años que han pasado, no se podrá saciar, arremete contra los que en sus días de joven escritor lo combatieron. Pero, mirando retrospectivamente, ve también su vida toda bajo el ataque de los malos poderes que a cada momento se le oponían. Eran dos los colaboradores de *L'Esquella* que por aquella época lo hostigaban: un tal "Doys", humorista, lo llamaba "desequilibrado", y otro que usaba el apodo de "El Maleta Indulgencias" lo tildaba de "neurasténico". Lidia comprende lo que ocurre, que Xenius tiene enemigos; justiciera como él, toma partido y se afilia a su causa. A partir de este instante se harán los dos uno en su lucha contra *el enemigo*. D'Ors hace recuento del combate a que se tuvo que enfrentar, refiriéndose a Xenius:

> [...] Acababa entonces de estrenarse en literatura. [...] ¿Qué razón había para que, ya que no mereciese alabanza o augurio, no se le dejara siquiera en paz?
>
> Cada criatura humana tiene su sino y el de ésta iba a cifrarse en un inacabable y desplazado combatir. ¿Combatir contra una idea? ¡A Dios pluguiera tal fortuna! Lo que iba a encontrar frente a la suya aquella vida, era una gratuita hostilidad; a la vez, personal y genérica: personal, en las mil variedades de la antipatía; genérica como el resentimiento contra una clase; más enconada si la clase, como la de los ángeles, está representada por uno solo.

Poco a poco el mundo de "Xenius" se va dividiendo en dos bandos: los que, con él (y aquí está apuntada Lidia), avanzan con un "acento" (17) que otros reciben con suspicacia, y *los otros,* los que se oponen a los primeros. Compara D'Ors a Xenius con el Doncel de Sigüenza quien "con su eterna ocupación de leer un libro, ¿no habrá invitado a algún bárbaro visitante a medios pelos —'in vino, veritas'—, a escupir sobre él?" (18). El esfuerzo que tendrá que hacer Xenius, a quien D'Ors coloca sin modestia dentro de una obvia aristocracia intelectual, para sobrevivir en aquel clima humano que le es tan perjudicial, es semejante al del "aristócrata que se esfuerza en tratar con llaneza a sus convecinos; que, quinientos años atrás, hubieran sido sus vasallos" (18). Todo esto, claro está, no es revelado a Lidia más que por aquellas primeras diatribas de *L'Esquella,* pero a la sibila le bastaba para comprender y hacerse solidaria con Xenius: "Esto, en un momento, lo adivinó, *lo vio* por entero la comadre, Lidia. Y no tardó ni una semana en madurarlo; iluminada por una centelleante inspiración de arriba [...]" (18).

Lo que hace D'Ors aquí es crear una equivalencia hegeliana (Xenius = Lidia) al estilo del *aufgehoben* del filósofo alemán, mediante la cual, a partir de la igualdad, el segundo término de la misma sustituye al primero y llega a un nivel superior de existencia. D'Ors establece primero la superioridad de Xenius. Después se le iguala a Lidia. Finalmente, Lidia, llevando dentro de sí a Xenius (o su germen) es elevada a la categoría de Numen, o justiciera vencedora —*vencedora,* porque lo que se libra aquí es una batalla entre el bien y el mal—. Como Xenius, Lidia deberá tener también sus detractores; como él, ella ha de ser también un ser superior. D'Ors identifica a los enemigos:

> Como, en la superioridad del orden que fuera, que procuraba callar Xenius, olían desdén los Doys y los Maletas, en la superioridad de la patrona en el negocio de las exportaciones de pescado, hallaban tema de reconcomio y murmuración las comadres que, dos puertas más allá, una ventana enfrente, espiaban su prosperidad, ahora incrementada por el hospedaje. (22)

Don Eugenio aprovecha la coyuntura para resumir, al final de su vida, lo que a sus propios ojos era (y es) aquel jovencito innovador que, más que una tendencia literaria, quería sentar un estilo total de vida. Este jovencito, a quien presenta D'Ors como "portador de un divino mensaje", queda convertido, por dicha referencia, en divinidad. No nos resultará raro, pues, que en este auténtico *aufgehoben* entre Xenius y Lidia, ella termine por absorber las cualidades sublimes de él para sobrepasarlas.[12] Escribe D'Ors, al referirse otra vez a los enemigos:

> Antes bien, en la aspereza de la batalla; un cuerpo a cuerpo, en que el sitiado se revuelve al fin contra la maldad del sitiador y el Derecho se levanta contra la injusti-

---

[12] En el texto de la novela D'Ors esclarece el carácter de "eón" de Lidia, por ser ella Numen. Escribe que "El Elegido, el Numen, encarna un 'eón', un estilo, una verdad. Como el de un glorioso Numen, no el de una pobre esquizofrénica, debemos guardar el recuerdo de Lidia" (80). Véanse nuestras notas referentes a "lo barroco" y al "Eterno-Femenino" en el capítulo sobre *Oceanografía del tedio.*

cia. Las "Beatas", contra una mujer; contra la mujer "pura como el lirio del valle". Las "Torratxas", contra un muchacho, contra el inerme portador de un divino mensaje de belleza y de luz. Y, detrás de él, cuanto en el mundo es luz y belleza: el amor, la amistad, el saber, la cortesía, la libertad, la civilización, la largueza. (45)[13]

La imagen que vamos viendo de "Xenius" es la del escritor incomprendido que expone su caso, mal juzgado en el pasado, a una nueva generación. De ahí su ansia de justicia que, como no puede practicar sobre sí, traspasa a la pescadora de Cadaqués.[14] El mundo queda dividido entre los justos, como ellos, y los malvados. Sentadas las bases de esta dicotomía, D'Ors puede dedicarse, como de costumbre, a su lucubración de categorías que prevalece a lo largo de la novela. De un lado quedan Xenius y Lidia, el bien, la miel, la justicia; del otro, las "Torrat-

---

[13] Recuérdese que luz, belleza, amor, amistad, largueza, civilización, etc., reunidos, constituyen una visión más amplia de lo que definiera D'Ors muchos años atrás como *elegancia* o "lo angélico".

[14] Lidia aparece en la novela como encarnación de Némesis (41). Su misión es la justicia (63) por ser ella heredera de justicieros; un "resplandor de justicia" (157) la acompaña. En la gran alegoría que es la "Quinta Parte" de la novela, Lidia, al "ascender", va a encontrarse con todos aquellos que durante su vida animaron secretamente su pasión por la causa de la justicia:

> Ahora, Lidia va a encontrar, en la alta región empírea, a Zoroastro, a Daniel el Profeta, a Manés, a los Estoicos, a los Etruscos, a los Juristas del Derecho Romano, a los Cátaros, a los Albigenses, a los Fundadores del Derecho internacional, a los más conmovedores revolucionarios modernos. Va a encontrar a todos los fanáticos de la Justicia, alejados por la exclusividad de su culto de cualquier contemplación de Gracia. (195)

La tan subrayada lucha de Lidia por la justicia es, bien mirada, una *callada* lucha interior contra la injusticia. En este sentido el personaje resulta poco convincente. Como divinidad representante de la justicia, nunca vemos a Lidia actuar. Es siempre una Némesis-estatua que, siendo ser humano también, está como condenada a que la injusticia se ensañe contra ella.

En contraste con la justicia que Lidia simboliza, todo lo que le rodea se confabula para *injustamente,* poco a poco, destruirla en el acontecer anecdótico de la novela. Lo único que hace Lidia en una ocasión cuando siente que tiene que actuar, es escribir una carta a *L'Esquella de la Torratxa.* Nada hace, sin embargo, cuando el señor Pons logra quitarle el monopolio de la exportación de pescado hasta llevarla a·la ruina. Tampoco actúa cuando ponen preso a Nando injustamente. Lo que sigue a cada uno de estos golpes del destino es la inacción, otra vez, de estatua de piedra. Parecería que la Lidia de la trama está más bien condenada *a sufrir* y *no a hacer justicia.* Por eso D'Ors, que quiere salvarla como símbolo, recurre a lo categórico para trascender lo anecdótico limitador.

xas'' y las comadres, el mal, la sangre y la injusticia representada por "cabras y anarquistas".

B. El Bien y el Mal

A colación de "L'Atelier", un cuadro de Coubert, D'Ors señala, gráficamente, la diferencia entre Bien y Mal, y el carácter maniqueísta de la justicia. En el centro del cuadro hay una figura femenina desnuda; a un lado está todo lo que es complacencia: amigos queridos, admirados artistas, etc. Del otro lado hay enemigos y "símbolos odiosos" (44). La justicia, según D'Ors, no puede ser panteísta sino "dualista" o "maniquea": tiene que distinguir entre el bien y el mal. Lo apuntado sirve a D'Ors para precisar la batalla que la "Teresa de Xenius" va a emprender:

> "L'Atelier" es una obra así, dualista; me atreveré a decir: 'maniquea'. Y, al cosmos moral que pobló la mente de Lidia, en los días en que se iba a definir su destino, maniqueo hay que llamarle también. [...] Cadaqués y su propia persona iban a otorgar trágico teatro a una temerosa pugna. (44)

La idea de bien y mal se complica en la novela con otros conceptos que añade D'Ors y que van a marcar su *última* posición ética. La bondad debe estar *(está)* divorciada de la "gracia". Como se verá, la gracia se asocia al demonio, y la justicia al derecho y al bien. D'Ors se levanta contra "la gracia [como la de Abel], hija del favor inmotivado; la gracia sobornadora de la equidad; la gracia enemiga de la justicia" (165). Prometeo, por usar un ejemplo que le es caro a D'Ors, hizo lo que era justo y sufrió el castigo de los dioses; la *gracia* no lo favoreció, o sea, no se dejó dominar por el mal. Los buenos, como Xenius y Lidia, pertenecen a un mundo superior y *alado* que lucha contra el mundo *reptante* —dos nuevos términos en esta larga concatenación de símbolos—. Para esclarecer el sentido de *gracia,* el escritor se refiere al antiguo pueblo persa:

> Fueron los grandes objetivadores de la idea del Derecho. Sirvieron milicianamente al Derecho, que era la justicia, contra el Diablo, que era la gracia. Al Ave, contra la Serpiente. Al mundo alado contra el mundo reptante. (66)

El objeto de la presente disquisición es, adecuando esos razonamientos morales al fin perseguido, mostrar a Lidia como heredera de los que han visto empañada la justicia porque otros han sido favorecidos por la gracia. Y ahora D'Ors es explícito en cuanto a la proyección de Xenius sobre Lidia, quien lo incorpora a su ser para representarlo en lo adelante. Al respecto anota el autor que Lidia es la heredera de todos los justicieros que en el mundo ha habido, terminando [pero en realidad comenzando] con el joven Xenius (68). En una sentencia se resume el ideal de Xenius que Lidia va a adoptar, el evangelio de D'Ors, el motor de Prometeo,[15] la bandera de los justos:

> ¡Guerra a los simpáticos, guerra a los facilitones! Mejor el desafío que la limosna. (68)[16]

C. Cabras y anarquistas. Ultima formulación de *Lo angélico*.

En la "Tercera Parte" de la novela se narra la niñez y la juventud de Lidia, desde que la raptan, muy pequeña, unos titiriteros, hasta que viene al pueblo de Cadaqués. Por un tiempo, antes de conocer a su futuro marido Nando, fue pastora de cabras en las montañas. Su aversión por aquellos animales comienza entonces: "Le parecía que estas criaturas, negras y obscenamente lactantes, la miraban mal y, entre ellas, murmuraban de la pastora" (121). Lidia desarrolla simultáneamente afecto por las águilas, a tal extremo, que decide adueñarse de un nido de ellas y cría a un aguilucho que, por atacar a una cabra, es muerto de un tiro por el amo. Los símbolos del bien y el mal se hacen muy pronto evidentes. Las cabras, en la tierra, pertenecen al mismo mundo de las serpientes (el demonio tentador del paraíso, la muerte), mientras que las águilas pertenecen a otro superior. D'Ors va preparando el terreno para volver sobre el tema, alegóricamente, en el "Sueño de las cabras" de Lidia.

Nos interesa en particular ver cómo D'Ors, a partir de esta invención suya de "lo caprino", va a reformular su teoría sobre "lo angélico" que, como se verá, en *Lidia de Cadaqués,* es tam-

---

[15] Con la misma intención justiciera y de protesta había escrito D'Ors en 1919 su pieza teatral *Nuevo Prometeo encadenado,* aparecida en forma de glosas en *El Día Gráfico* durante el verano de 1920.

[16] ¡Hermosa lección es ésta que dejó D'Ors, durante sus años de vejez, a los *espíritus puros* de las generaciones que se estaban formando y a las otras por venir!

bién, con un sentido más literal, lo referente a *los ángeles*. Lo angélico (Lo Bueno) se habrá de oponer a "cabras y anarquistas" (Lo Malo). *Cabras* y *anarquistas* son básicamente lo mismo. En la anarquía el individuo, falto de autoridad que lo controle y dé dirección, en medio del desorden, actúa *caprichosamente,* hace siempre su voluntad. Escribe D'Ors que "el 'capricho' es el quehacer de las cabras" (175). La equivalencia entre cabras y anarquistas es patente. Pero "lo angélico", aparte del sentido que le daba D'Ors de simple elegancia, corresponde también al orden, a la justicia y a la belleza: todo lo que se oponga al anárquico mal. Es Lidia quien profiere por primera vez aquellos dos cifrados términos:

> [...] Estamos para valernos de lo angélico, en conjuro contra "cabras y anarquistas".
>
> La reunión de estos dos últimos términos, tan inusitada, pudo no ser entendida, cuando aquella mujer inspirada la lanzó por primera vez. [...] Aquí estaba el pensamiento esencial de Lidia. El orden que se llama Justicia, aplicado a asuntos morales, por cuyos módulos se apasionó la Sibila hasta la locura; sin perjuicio de llamarse también Belleza, asunto habitual en las gentes mediterráneas. Orden, Justicia, Belleza, no pueden ser, en este mundo, totalmente servidos en paz. Hay el ejército del Mal, con sus eternas tropas militantes contra la Belleza, la Justicia, el Orden. El arma contra la Belleza se llama fealdad. El arma contra la Justicia se llama capricho. El arma contra el Orden se llama anarquía. (175)

Lidia, otra vez como Don Quijote, buscadora de justicia, va a recorrer su Mancha luchando contra "cabras y anarquistas" del mismo modo que El Caballero peleaba contra "villanos y malandrines" (183). D'Ors no desaprovecha la oportunidad de emparentar a su protagonista con el héroe de Cervantes. ¿No era acaso la vida de Don Quijote una lucha perenne contra el mal?

El carácter perpetuo de la contienda —porque el mal es eterno— lo ve también D'Ors al abordar el segundo significado de "lo angélico". Las complejas teorías sobre "lo angélico" desarrolladas a través de su obra (en su *Manual de Angeleología, La Bien Plantada,* etc.) vienen a resumirse aquí en su más simple enunciación. "Lo angélico" es "lo del ángel bueno", y nada más fácil para el escritor que igualar a Xenius con el príncipe de los ángeles, el jefe de la milicia celestial quien lucha eternamente contra el Mal:

> Frente a ellos ["cabras y anarquistas"], la tarea con-
> sistirá en mantener, en su pureza, un secreto. "El secre-
> to", que llamaron superficialmente "de Xenius", que, de-
> clarando, quiere decir "del Angel". O, si se quiere, en otra
> versión, "el de San Miguel", victorioso contra el eterno
> tropel de cabras y anarquistas. (175)

Como San Miguel, Xenius, por mediación de Lidia y, en cierto modo, dentro de ella, lucha contra los espíritus del mal. A Xenius, nuevo arcángel, se le unirán las huestes del bien. En el plano simbólico Xenius y Lidia continuarán la batalla, uni-dos, después de la muerte, según sugiere el encuentro de ambos en el cielo que ocurre en el epílogo del libro. En la tierra, en vida de Xenius, se une éste al ejército de los que él llama "angélicos" para, en nombre de Lidia, que ha de estar ya en camino a otro nivel de vida superior, exorcizar la fealdad, el capricho y la anar-quía inherentes a la creación universal. Así mirado, el epitafio que se piensa para Lidia, donde, de paso, se recalca su parentes-co con Teresa, tiene una profunda trascendencia:

> DESCANSA AQUI
> SI LA TRAMONTANA LA DEJA
> LIDIA NOGUES DE COSTA
> SIBILA DE CADAQUES
> QUE POR LA INSPIRACION MAGICA
> DIALECTICAMENTE FUE Y NO FUE
> A UN TIEMPO TERESA
> LA BIEN PLANTADA
> EN SU NOMBRE CONJURAN
> A CABRAS Y ANARQUISTAS
> LOS ANGELICOS (177)

D. Sangre y miel.

Durante su estancia en casa de Lidia, Xenius decide salir a pescar con Honorio una noche después de la cena. El vaivén de la barca mareó al joven, quien pidió al hijo de Lidia que lo llevara de regreso. "Fuerte en su insularidad léxica, Honorio no quiso entender" (33). Durante varias horas Xenius hasta contu-vo la necesidad de "cumplir con urgencias" por recato. Para col-mo de males, debido a la calma chicha, Honorio puso en ma-nos de Xenius un remo y éste se vio obligado a remar. Cuando regresaron al fin, Xenius volvió enfermo. Ambos se enfrentaron a Lidia, quien comprendió de inmediato lo que había sucedido.

Lidia reprendió a Honorio; éste increpó a su madre y la acusó de "querer ('estimar') más a un sobrevenido que a los 'de su propia sangre' " (34). Lidia, furiosa, "descarada y solemne" (34) dijo la frase que, con cifradas variantes, se convierte en leitmotiv de la novela: "—La miel es más dulce que la sangre" (34). La miel se asocia desde aquí con los sentimientos de Lidia por Xenius, con el amor y, como todo lo que viene del jovencito, con el bien. La sangre es lo contrario: lo carente de amor, el mal. La dicotomía se explica durante la descripción del cuadro de Coubert. Como se recordará, a los lados de la figura femenina (que nos hace pensar en Lidia) había amigos y enemigos, bien y mal. Refiriéndose a la pescadora, escribe D'Ors:

> El genio figurativo de ésta hará más. Acordémonos de su parábola de la oposición entre la Miel y la Sangre. La Miel se colocaría en una de las alas de la composición de Coubert. La Sangre, a la otra ala. La dilucidadora clasificación es tan objetiva, que llegará su descubridora a aplicarla en contra suya y para su propio daño. Por ejemplo, respecto a la conducta sentimental de los hijos, faltos de piedad para la madre, en obsequio a seductoras sobrevenidas, reconocerá la Lidia que éstas son la Miel; mientras que ella, la Madre, es, para ellos, la Sangre. (46)

El destino parece vengarse de Lidia; los hijos rechazan a la madre en favor de esas *seductoras sobrevenidas.* Si la pescadora había rechazado a un hijo favoreciendo a un "extraño", ellos pueden hacer otro tanto. Al fin y al cabo los hijos sienten (Honorio al menos) que lo que movía a Lidia no era sólo cortesía de hostelera: en sus actos había un impulso que venía del corazón.

Ya a punto de marcharse Xenius, Lidia trata de pensar en un sistema que les permita comunicarse en clave. D'Ors menciona cómo, según ella, era Xenius quien debía desarrollar un "Código secreto de la Miel" (49). Como a una verdadera enamorada, "cierta paralizante timidez invadía a la buena mujer, a cada ocasión en que, ante Xenius, intentaba abordar el tema" (49).

El propósito de esta carga emblemática que da D'Ors a los términos de la frase de Lidia, es desarrollar mediante sugerencias delicadas, el complicado enamoramiento que se va produciendo en ella. Puesto que Lidia no es más que una "buena mujer" y puesto que D'Ors tiene ideas muy precisas de lo que quiere hacer con su personaje, transforma la pasión que podía haber terminado en el deseo físico, en algo puro, en símbolo. Recuérdese que los cuerpos de Lidia y Xenius ni siquiera en el cielo se tocan, hecho que D'Ors subraya al final de la novela. Pero D'Ors quiere también acercarse —aunque siempre en símbolos— a los verdaderos sentimientos de Lidia; para esto se vale de un sueño, el "Sueño de las cabras", que es esencial para la comprensión de todo lo aquí tratado.

D'Ors comienza a prepararnos para el sueño. Cuando Xenius se marcha, Lidia cierra puertas y ventanas, cual si estuviera de luto, y queda petrificada, como muerta en vida, en el sótano o en la cocina; allí, simbólicamente, abraza físicamente al amado:

> Xenius se fue. Corren los minutos, regulares. Corren las horas de sesenta minutos. Las semanas de siete días. Los años de doce meses. Los años bisiestos, los lustros, los decenios. Esta mujer es una estatua. Lleva, apretado contra su seno blando, un frasco de miel. Madura, esta mujer, sin embargo. Frente a ella, en torno de ella, dentro de ella ruedan las olas de la sangre [...] La muerte recibirá en su boca toda esta sangre y la beberá. (55-56)

Si Xenius es la miel, el amor, la sangre es la muerte y el dolor en que la partida del joven deja a Lidia. Pero veamos cómo se complica la alegoría en "El Sueño de las cabras", del cual citamos sólo los momentos más significativos:

> Todas [las cabras] tenían unos ojos furiosos, y a algunas entre los balidos se les podían oír palabras. Había la cabra que el águila hirió: la herida era en la teta y de allí salía mucha sangre. Asimismo, la soñadora se sentía lastimada en lugar semejante. [...] Luego resultó que el águila era Xenius. Bajó hasta ella y tenía que meterse en una barca, para hacerse a la mar. [...] Lidia, con el pecho manando sangre, pronunció estas palabras: "La sangre es más dulce que la leche". Luego, como si las corrigiera, pronunció: "La miel es más dulce que la sangre"... Ya flotaba la barquilla y se iba alejando, cuando Xenius [...] miró muy largamente el lugar que dejaba y, como si cantase, comentó al verla a ella incorporada, después del último esfuerzo para lanzar adelante la embarcación: "¡Qué bien plantada es Lidia!" Lidia se sintió entonces como hecha de miel y de leche. Las cabras habían desaparecido. (128-129)

Lo que ocurre al principio del sueño es una transferencia de identidades por la cual las cabras, o alguna cabra al menos, comienzan a emitir palabras. Las cabras se humanizan al tiempo que Lidia pasa a ser, por un instante, la cabra que en la historia de su juventud había sido herida por el aguilucho que ella había criado. Otra transformación más se produce: Xenius se convierte en el aguilucho. La sola presencia de Xenius con su infinita bondad basta para "dulcificar" a la cabra —antaño símbolo del mal— que él ha escogido para herir. Lo que sangra ahora no es la teta de la cabra sino la mama de Lidia. Las connotaciones sexuales son obvias. Somos testigos de un coito medio divino-medio humano. El aguilucho, cosa *del cielo* (alado como los ángeles), viene a impregnar físicamente a una Lidia que se ha conservado pura, en el sueño, para Xenius. De la mama, después de la *dulce* "agresión" sexual, va a brotar, naturalmente, la leche asociada con la maternidad. Es lógico que esta "agresión", si viene de Xenius, aunque al principio produzca sangre, complazca a Lidia. Por eso dice: "La sangre es más dulce que la leche"; la sangre representa el contacto físico con el amado, la original desfloración. La leche es lo que viene después, lo que la hará recordarlo. Pero Lidia se rectifica. Es la miel lo que, de hecho, representaba en verdad y representará a Xenius. El *acto* simbólico ha sido el medio de preñarla, pero este acto, como quiera que sea, es aislado y no va a repetirse. Sin embargo, la miel, la contienda por el bien que existe en Xenius, el amor, son eternos. Es por eso que Lidia se corrige y da la importancia justa a su acostumbrada sentencia: "La miel es más dulce que la sangre". Finalmente, el joven se marcha en la barca cuando dice a Lidia la frase mágica: "¡Qué bien plantada es Lidia!" Esto es lo que Lidia siempre ha querido escuchar, que ella es Teresa, que ella ha sido numen e inspiración de Xenius en la creación de su personaje. Lidia se siente plena, satisfecha. El acto de amor y la presencia de Xenius terminan por ahuyentar a las cabras que, vueltas a su natural condición, se desvanecen acosadas por el bien. Con este sueño refuerza D'Ors la idea latente en toda la obra de que Xenius, en forma de Espíritu del Bien, va contenido en Lidia, quien después de la alegórica herida (o preñez) va a luchar por la Justicia en nombre de los dos.

III. *Los sueños de Lidia*

Queremos hacer hincapié en el hecho de que los sueños de

153

Lidia cumplen una doble función en beneficio de la novela porque consiguen crear la discontinuidad de la trama perseguida por D'Ors y porque amplían sicológica y simbólicamente a sus personajes. Esto convierte los sueños en acertadas interrupciones. Gracias a ellos comprendemos mejor las interioridades de Lidia, sus deseos, sus temores, su frustación y su significación en la obra.

A. Primer sueño.

El primer sueño (capítulo XIII) se sitúa antes de la partida de Xenius (capítulo XIV: "Xenius se fue") con que termina la "Primera Parte" de la novela. Xenius se iba a marchar al día siguiente. Esa noche Lidia, hasta muy tarde, se dedica a ordenar los papeles del joven que llenaban ya toda la habitación. Cansada, se duerme y sueña con un salón cerrado donde se celebraba un baile de Carnaval:

> Llenaban el ámbito bullicio y alegría, cuando una extraña sombra penetró de pronto en el local y le cruzó hasta situarse en el centro mismo, al pie de la gran araña de cien brazos. [...] Ahora veía la nueva figura allí a su lado, que adelantaba. ¿Adelantaba? Aquélla era una cosa muy difícil de explicar. ¿Figura? No tenía figura, no tenía contorno. Era como un frío. Era como una cosa lívida, fluente, lunar... Música, más bien. Pero, música sin ritmo; música sin principio ni fin. (52)

El primer sueño de Lidia es la revelación inconsciente —y son éstos los primeros indicios que se dan al lector— de su angustia por la inminente partida de Xenius —la cual, por el carácter fuerte, estatuario, de Lidia, no se refleja en ella—.[17] La figura incorpórea, fría, como música sin ritmo —sin *vida*—, es la muerte simbólica de Lidia, quien pierde *la miel* para quedar en el dominio de *la sangre*. En el sueño, Lidia se desdobla, lo que, desde diferentes perspectivas, apunta, en lo literario, a la dicotomía de mujer-símbolo, y, en lo sicológico, a la separación del

---

[17] D'Ors escribe:

> La verdad es que no estaba la Pescadora nada triste. Más bien, cierta excitación la dominaba y, los días que precedieron a la partida del Estudiante, fue ella quien corrió con cuanto representara actividad, mientras se adormecía él en una melancolía átona. (48)

ndividuo y su ego, o a la divergencia de dos identidades del mismo ser que puede realizar el inconsciente durante el sueño.[18]

> Alguien sollozaba en los rincones. Otra imagen de Lidia dobló ahora la imagen de Lidia.
> —¡Oh —preguntaba esta última—, tú que sabes todos los nombres, dime, por caridad, el de este fatídico visitante!
> —Su nombre, no lo sé. No lo puedo saber. Siento que, de él, me llega la muerte. Pero no sé nombrarlo. Tú, el del claro mirar, dime cómo es. (52-53)

Parece que, por un instante al menos, hubiera una superposición de la figura de Xenius y la de una de las de Lidia, de manera que ella dialoga con el joven. Pero Xenius se va, y por eso la sombra viene, con su muerte y su tristeza, a cerrar el baile, a terminar con la fiesta o la felicidad de Lidia. La pescadora bravía que se llena de actividad con los preparativos para la partida de Xenius y nunca muestra aflicción, en el sueño, sin ataduras conscientes, al fin llora —como ocurre al final del período que sigue a la muerte de Nando—, sollozando "en los rincones".

Cuando en el salón entra la sombra, ocurren cosas muy raras:

> A esta aparición habían palidecido todos. Y, también, las luces y los espejos. Cesó la alegre música y se oyó cómo se rompían las cuerdas. Y se deshojaron las rosas. Alguien sollozaba en los rincones. (52)

Si no fuera porque lo que D'Ors nos narra es un sueño en el cual puede suceder cualquier cosa sin que tenga que estar sujeta a la realidad creíble, nos podría parecer que estamos en presencia de un fragmento de lo que hoy clasificamos como "realismo mágico". Lo que acontece al entrar la sombra es inexplicable: espejos y luces que palidecen, música que cesa, cuerdas que se rompen, rosas que se deshojan. Todo esto se ajusta, por otra parte, a la intención del sueño, porque todos los incidentes descritos simbolizan la ruptura dolorosa que va a signifi-

---

[18] Recuérdese cuán aficionado fue siempre D'Ors a los estudios sicológicos y que ya había dedicado la integridad de su novela corta *El sueño es vida* al tema de los sueños y su interpretación.

car para Lidia la partida de su cómplice, protegido y —sin que ella misma quizá lo reconozca— amado.

Al marcharse la extraña aparición todo queda en la sombra. Al lector buen entendedor esta visita le anuncia la imposibilidad de que Lidia vuelva a encontrar la alegría. El fatídico visitante tiende sobre la pescadora, *en el sueño,* las redes de la desgracia que *en la vida* del personaje nublarán su destino.

B. El sueño de las cabras.

Sólo nos queda un aspecto por tratar en este sueño cuyo sentido hemos ya aclarado en su casi totalidad. Recuérdese el pasaje en que el águila que era Xenius se vuelve hombre para entonces marcharse en la barca:

> Luego, resultó que el águila era Xenius. Bajó hasta ella y tenía que meterse en una barca, para hacerse a la mar. [...] Llevaba ésta sacos, a través de cuya arpillera brillaba su cargamento de radio. [...] Ya flotaba la barquilla y se iba alejando, cuando Xenius, a tiempo de izar una vela —el mar estaba entonces azul como el cielo y brillante como el radio—, miró muy largamente al lugar que dejaba. (129)

Dos "accidentes", en toda su vida, dieron a Lidia ánimo y optimismo: la llegada de Xenius y, muchos años después, cuando lo había perdido todo y vivía en la cueva de los gitanos, el descubrimiento que hizo su hijo Ulises de una mina de radio. Una noche, cuando Ulises regresaba a pie a su casa por haber tenido que dejar la barca reparando, cerca del pueblo, al agacharse a recoger unas algarrobas que habían caído de un bolsillo desgarrado, descubre una "muchedumbre de manchas negras"" que "brillaban mucho" (101). En la cueva, Lidia identificó los carboncillos como "¡Radium, y del bueno!" (102). En seguida comienzan los tres a hacer planes, con la condición, impuesta por Lidia, de que las ganancias de la explotación del radio se dividan en cuatro partes iguales, para incluir en el negocio a Xenius (105). El descubrimiento de la mina da a Lidia fuerzas para seguir luchando, nuevas esperanzas de que Xenius ahora conteste las cartas donde le participa el hallazgo. Madre e hijos hacen gestiones para determinar el modo legal de explotar la mina, escriben cartas. El tiempo pasa y nada resuelven. La mala fortuna los azota cada día más. Desilusionados, cada cual se abandona a su destino. Lidia empeora de su demencia. A Honorio, víctima también de lo que parece ser "mal de familia", lo tienen que llevar en "un ataque furioso de locura" al manicomio (126). A Ulises, quien "se había quedado idiota y no se sabía si mudo, o bien se hacía el mudo" (127), también tuvieron que encerrarlo. Lidia, loca, queda a la merced de "los niños buenos", ahora crecidos, que años atrás iban a la cueva a oír los cuentos de la vieja y sus lecturas de *La Bien Plantada*. El final, en Agullana, ya lo conocemos.

El "Sueño de las cabras" sitúa en la barca que se llevan los vientos, a Xenius y el radio, las dos fuentes de felicidad que el destino hace que sólo se acerquen a Lidia y que, al escapársele de las manos, la hunden en la desdicha. Xenius y el radio representan las posibilidades de salvación con que Lidia sueña y que, al no materializarse, la llevan a la locura.

C. El sueño del payaso.

La hojita de papel donde *el personaje* escribe este sueño contiene, al final, una nota que dice: "Gracias a Dios, el Gobierno ha privado (en lugar de 'prohibido'), para siempre las 'Torratxas' ". La nota cumple una función doble puesto que ayuda al lector a interpretar el extraño sueño y da a D'Ors la coyuntura para hacer un comentario sobre la *perenne* naturaleza de publicaciones como *L'Esquella de la Torratxa*. El escritor tilda de ingenuo el comentario de Lidia y añade que "no sabía [Lidia] que siempre, con distintos collares, los mismos perros, ora llamándose 'Tramontana'. o 'Campana', o 'Esquella', o 'Cu-cut' o 'Papitu', [...] iban a ladrar su gamberrismo zafio a todos los ecos publicitarios de su tierra" (131-132). Queda así reafirmada la idea de la perpetuidad del mal, de la agresión, de lo que en la novela representa *la sangre*.

En el sueño en sí aparece el payaso que había robado a Lidia, de niña, en medio de la oscuridad. Se oye con espanto el ruido "de cuchillos que se afilan" (130). Al ponerse el payaso una *llonza,* ésta sangra "sobre la cabeza". Los cuchillos se habrán de ver como nuevos instrumentos de la agresión que, inconexamente en el sueño, hacen sangrar al payaso, y la sangre *es* el ataque de las "Torratxas". El sueño se complica con visiones que, por su plasticidad, parecen arrancadas de un cuadro surrealista. Al sangrar, el payaso queda vacío, y a través de él *se ven* varias cosas: una escalera, un reloj grande, "como de estación de ferrocarril'', y una sirena vomitando, con "un gran caracol en la mano, sonando como un cántico, para que el mar se pusiese claro y sin tramontana" (131). Entonces el payaso comienza a empequeñecer y dice cómo el radio subirá tanto de precio, que con él se podrán comprar "todos los tesoros que hay en los circos" (131).

Como se ve, D'Ors vuelve sobre la obsesión del personaje por el radio para mostrar la constancia de las temas de la locura de Lidia. Ahora quiere la pescadora salvar a Xenius y el radio que, en el sueño anterior, se alejaban de ella en la barca; por eso la sirena benéfica que es Lidia, en el sueño, lleva un caracol[19] que con su canto apacigua el mar para que en él navegue Xenius (y el radio) con seguridad. Curioso detalle es ese de presentar a la sirena vomitando: obvio, sin embargo, que entre *sangre* y *leche* —los dos fluidos que emanan del cuerpo de Lidia en los sueños vistos ya— venga el *vómito,* marcado indicio de la preñez de la sibila por el "ave-Xenius". Los otros dos elementos, la escalera y el reloj, aunque menos claros en cuanto a su sentido, por su función básica habría que asociarlos con *ascensos* y *tiempo,* respectivamente. Sería lógico pensar que la escalera sugiere el ascenso para coger el nido de águilas de donde nace el aguilucho que en el "Sueño de las cabras" se convierte en Xenius: la escalera sirve a Lidia, pues, para aproximarse a Xenius. El reloj es tiempo *de espera* —es reloj como de estación de ferrocarril—, la espera eterna de Lidia. Todo apunta, nuevamente, al fracaso y a la muerte, porque el payaso muerto —vacío de sangre— es el marco de todas estas visiones. Por añadidura, el mar del sueño está presidido por "unas rocas *como huesos*" (131). Ni con la soñada escalera alcanzará Lidia a Xenius, ni la espera tendrá fin, ni la sirena logrará salvar a Xenius y la riqueza de radio que lleva consigo. El sueño refleja la suerte cruel del personaje y profetiza lo que le falta aún por sufrir.

---

[19] No hay duda de que la sirena con el caracol es Lidia. En el capítulo III de la "Cuarta Parte" D'Ors escribe: "Lidia de Cadaqués, ancha comadre maciza, que, con mano tosca, se aplicaba al oído una caracola marina y, con inspirada lengua, en boca desdentada, traducía, a términos que los profanos pudieron creer incoherentes, las revelaciones maravillosas de la voz del mar" (167). "La voz del mar" y el "cántico" del sueño bajo el dominio de Lidia adquieren significación o poderes maravillosos.

D. El sueño de la Sixtina.

En el capítulo III de la "Cuarta Parte" D'Ors asocia a Lidia con dos figuras del techo de la Capilla Sixtina:

> No menos que un Miguel Angel hubiera convenido para, a su vez, verter a figura la misión de la Sibila de Cadaqués, en el techo de la Sixtina, entre los trasuntos de la de Cumas y de la [de] Eritrea. (167)

El carácter sibilino de Lidia, aunque D'Ors no lo recalcara, se manifiesta mediante el simple hecho de poder ella soñar, con precisión asombrosa, una parte del techo de la Capilla que jamás ha visto. El propio Xenius (el personaje) queda perplejo cuando Lidia le cuenta el sueño durante la ascensión a San Pedro de Roda. Como se recordará, D'Ors identifica aquella "forma de mujer larga" de la pintura con Teresa, y a "un gran personaje barbado" con el doctor Barbudo de Cadaqués. De manera que la pintura y el sueño que la describe adquieren en la trama de la novela un valor significativo y asociativo que supera la intención puramente pictórico-descriptiva. Así, en la asamblea de mujeres gruesas del famoso techo, Lidia se ve retratada en todas. Allí está, claro, la célebre Sibila de Cumas, con la cual D'Ors asocia a Lidia en la novela muchas veces. En el sueño se van reuniendo, pues, seres sugeridos por la pintura que componen el universo de Lidia y, de nuevo, visiones, en este caso reales —la verdadera pintura— que D'Ors usa simbólicamente. El personaje barbado, por ejemplo, "una vez, toca una especie de globo, del cual sale un niño y, otra vez, toca con la punta del dedo el de un joven tendido, con las vergüenzas al aire" (134), las dos facetas de Xenius que proyecta la demencia de Lidia: el hijo —ella es la *co-madre*; por ser él huérfano, se impone el deber de protegerlo— y el amante.

IV. *Alegorías y mitos*

La intención de establecer categorías mediante el uso de símbolos que se aplican a lugares, personas y cosas es tan marcada aquí como en las novelas anteriores. Para hacer D'Ors su propósito ostensible, en la "Primera Parte" dedica un capítulo a "Cadaqués y Eleusis": allí Cadaqués es elevado a un plano mítico-histórico. Cadaqués es la versión catalana del Eleusis griego, lugares ambos que, según el autor "han constituido sendos santuarios, en el culto al 'Ewig-weibliche', a la Eterna Feminidad" (24). La relación se amplía:

> Eleusis reunía a sus coribantes en los "Misterios".
> Cadaqués enlaza sus manos y acompasa sus pies en las
> sardanas. En ambos casos, mujeres solas. ¿Dónde están
> los maridos, dónde están los hombres? Los de Eleusis, en
> la flota de Salamina. Los de Cadaqués, pescando langosta, en Port-Vendres o en Sóller, según sabemos. (24-25)

La acción de los personajes se sitúa en este ámbito que se compara en el capítulo siguiente con Itaca, por depender ambos para su comunicación mayormente del mar. "Cada regreso", leemos, "podía compararse al de Odiseo, que, al final de sus aventuras, con sólo una travesía de una noche, ya se encontró en su casa" (29). Si se tiene en cuenta que en el "Sueño de las cabras" Xenius, como Ulises, se da a la mar en una barca, podemos ver otras marcadas implicaciones. Cadaqués es Itaca y Xenius una versión de Ulises. Lidia será, pues, una nueva Penélope que aguarda (*espera* y mira *el reloj* del sueño) siempre por la llegada de Xenius, su ilusorio compañero.[20]

El objetivo de D'Ors de crear un lugar mítico es convertir a los seres que lo habitan, a los protagonistas al menos, en entes excepcionales comparables a las deidades. Ya sabemos que Lidia, muy pronto, según escribe D'Ors, pasa de "Categoría" a "Numen" mediante el proceso de mitificación que el autor llama "destino de metamorfosis":

> Y ahora vamos a dejar a esta mujer instalada al pie
> de su destino de metamorfosis. Pasaron unos años y, de
> la anecdota de sus instintos, ascenderá a poesía. Pasarán
> más años y su poesía se convertirá en magia. Unos años
> aún, y empezaremos a ver en ella el numen. (54)

Para ver esta metamorfosis ascendente que va de lo terreno (anecdótico) a lo espiritual o sublime, hay que ponerse unos anteojos quijotescos. Lo que ocurre es la demencia progresiva de Lidia; al ir enloqueciendo va creando temas, afinando las obsesiones que el autor quiere destacar. Para ver *al numen* hay que

---

[20] En el plano puramente anecdótico, deberá tenerse en cuenta que también el Nando de Lidia se hacía a la mar cada día para regresar con su carga de pescado. Creemos, sin embargo, que las alusiones simbólicas que apuntamos son más sobresalientes aquí que lo estrictamente realista.

cambiar, deformar, la realidad, y entender la locura como una sublimación (o *angélica enajenación*) que convierte a la pescadora en Némesis. La obsesión de Xenius con sus múltiples *enemigos* la traspasa a Lidia. Por otra parte, la locura de Lidia es su salvación, lo que en medio de la pobreza, la suciedad, los andrajos y la sordidez más brutal, la lleva a las esferas superiores de existencia de los elegidos. D'Ors define el caso de Lidia como *enajenación* y no como *locura,* y marca bien el sentido del primero de estos dos términos por ser la *enajenación* el camino que lleva al *símbolo:*

> Enajenarse es convertirse en algo ajeno a lo de pago de una deuda. Como un *leit-motiv* en tal, llega a sentirse otro, o un objeto o el actor de alguna anécdota; pero también quien, por amor, ascensión mística o cristalización entusiástica, asume la conciencia de una encarnación del espíritu, de una idea o de una categoría. [...] El Elegido, el Numen, encarna un "eón", un estilo, una verdad. (80)

Y de esta *numinización* de Lidia, a darle a la pescadora rasgos específicamente religiosos, no hay más que un paso. En este mismo capítulo ya, anticipa D'Ors que "para poner las cosas en este punto, en su punto, se escribe el presente *evangelio de Lidia,*[21] la de Cadaqués. Y también un poco, en guisa de pago de una deuda" (80-81).[22]

Indicábamos con anterioridad cómo Xenius era absorbido por Lidia para así luchar ella por él contra los atacantes. Ocupada en velar por Xenius, Lidia viene a funcionar también como angel custodio y hasta como chivo expiatorio. Así la describe el autor cuando sopesa la vida de Xenius y los continuos ataques de los cuales no hubiera salido ileso a no ser por la intercesión de la milagrosa pescadora:

> Si salió indemne, quizá se debió a una misteriosa asistencia lejana, que logró tomar sobre sí el veneno; tal chupa el saludador la herida hecha por la mordedura de un can. Una Comadre oscura pudo ser el vaso expiatorio que preservase a un hombre, a un pensamiento y a una obra, de precipitarse en las tinieblas, desde la luz. (81)[23]

---

[21] Las cursivas son nuestras.

[22] La deuda es, sin duda, la que sentía el escritor que tenía con Lidia, a quien parece no prestó mucha atención en vida de ésta.

[23] Bien sabido es que la dicotomía *luz-tiniebla* en la obra orsiana se asocia con la de *bien-mal.* Su búsqueda de "la luz", la *heliomaquia,* es una de sus principales preocupaciones filosóficas.

Como Cristo, quien se sacrifica por los hombres, o una virgen que intercede en los casos de peligro librando al creyente de la maldad o el demonio, Lidia actúa como escapada de su propio *evangelio*. La pescadora queda trocada, pues, en puro símbolo que, paradójicamente, no puede abandonar la tierra hasta su muerte física. Bien apunta D'Ors que Lidia hubiera podido proclamar con Goethe: "—Ya sabe usted cuán simbólica es mi existencia" (141).

Si bien para llegar a la perfección de su tipo, Cristo tuvo que ser coronado de espinas, vejado y crucificado, Lidia ha de pasar por algo semejante. Para "llegar a la perfección del tipo" (142), D'Ors presenta a Lidia, como se recordará, apedreada por "los niños malos", azuzados por el novio de una criada aragonesa a quien Lidia había insultado, con causa, en cierta ocasión. Lidia es lapidada y queda inconsciente entre las rocas, abandonada, en pleno sol de julio hasta que al atardecer alguien al fin la socorre. El destino no parece detenerse en su afán de destrucción. El crescendo de la mala fortuna de Lidia llega a escenas como ésta, de un magistral patetismo. Lo que tiene de gráfico el pasaje le da su particular dramatismo, acentuado por presenciar el lector allí una agresión física (no como la solapada agresión del señor Pons) a un ser inocente y viejo que, además de no poder defenderse, ha enloquecido. Dolorosa escena es ésta en que, como de costumbre, la Lidia que como un símbolo se alza en contra de la injusticia, nada puede hacer. En el silencio de Lidia que sigue a la lapidación, hay la aceptación tácita del acto de sus agresores, tal como aceptaba Cristo su crucifixión. Las pedradas que recibe Lidia y la coronación de espinas son oprobios semejantes. Pero al final del capítulo hay una referencia que emparienta a Lidia con Xenius, dándoles a ambos un mismo destino. La muerte de Xenius, el personaje, se asocia con una lapidación que habrá de verse como simbólica en la novela:[24]

> No debía tardar Xenius mucho tiempo en ser, a su vez, lapidado. El dejó la vida en la prueba. Pero Lidia no lo supo... No lo tomó en cuenta, quizá. (144)

---

[24] La otra referencia a la muerte de Xenius aparece en el "Sueño de la Sixtina"; el autor allí se pregunta qué impediría que Lidia enviase a Xenius, como había ofrecido, el sueño que tenía escrito:

> ¿Qué impidió la ejecución del propósito? ¿La noche en la mente de ella, la muerte de él, sobrevenida poco más tarde que aquella ascensión? (133)

La semejanza entre Lidia y Xenius, esto es, el carácter simbólico-religioso de ambos como seres superiores, se va a desarrollar cada vez con más ahínco en los capítulos finales de la novela, hasta llegar al clímax que es el encuentro de los dos en el cielo. Recuérdese que la expedición a las ruinas de San Pedro de Roda se transforma en una subida emblemática "al Monte Carmelo" (sagrado lugar de asilo para profetas y de peregrinaje), según Lidia la bautizó. Todo lo que en aquella ocasión ocurre, bien merita el nombre puesto por la pescadora, ya que los que allí ascienden son dos profetas: el *alado* Xenius y la Sibila (o profetisa) Lidia.

Dos horas después de comenzada la excursión se encuentra Xenius con Lidia, ahora vieja, bruja, flaca, toda gris. Quince años de espera y de sufrimiento la habían deshecho. Y en medio de la ruina, una nota alegórica: "El delantal limpio, el delantal de esperar el santo advenimiento" (150). El delantal es como el paño limpio sobre el cual se coloca la ofrenda con que complacer a la divinidad. Quien había tardado tanto en llegar era Xenius, el "Maestro", según se le llama en otras ocasiones. Es ahora Xenius quien remeda a Cristo. Lidia le trae dos tartas, dos "cocas" que trata de poner en la alforja de su montura. Cuando él trata de impedirlo, ella le besa las manos, como se acostumbra a hacer con los altos jerarcas de la Iglesia. Xenius le dice que en aquel mismo momento estaba pensando en ella. Ella comienza una frase que no termina: "Tantas veces.... Esta vez" (150). Podríamos concluirla sin dificultad: "Tantas veces... *esperó por él. Esta vez..., sin embargo, se produjo el milagro, el advenimiento*".[25]

Xenius acepta las "cocas" y decide no comer otra cosa. El acto de no comer Lidia y Xenius más que aquellas tartas que

---

[25] En el capítulo titulado "Xenius se fue" de la "Primera Parte" de la novela, aparece una frase que vaticina el advenimiento de Xenius que finalmente ocurre en la excursión a las ruinas: "Alguien ha de venir, antes, vestido y resplandeciente de Gloria" (56). Xenius es el Cristo salvador que Lidia espera entre tanta miseria. La canción que se oye resume las ansias de Lidia y sugiere el trasfondo religioso de todo lo que va a ocurrir:

"Ahora todo está pronto para la Pentecostés...
Mi niño querido,
¿Cuándo volverás?" (57)

La Pentecostés de Lidia tendrá que esperar quince años; al cabo de este tiempo llegará Xenius, como encarnación del Espíritu Santo, para encontrarse con ella, por última vez, en este nuevo *Monte Carmelo*.

ella ha traído y que él ha aceptado, equivale a una comunión con pan. La comunión con vino, con *sangre* que los ha identificado en la lucha contra el mal, tampoco ha de faltar: ambos toman *del mismo vino*. Lidia, por su parte, viene con las alpargatas destrozadas, lo cual sugiere que sus pies han sufrido mucho en el camino, como sufren los pies de Cristo. Como Cristo también, Lidia rechaza las cosas que puedan mitigar el sufrimiento que por el *divino* Xenius quiere experimentar: en el ascenso se niega a aceptar cabalgadura y echa a andar al lado de Xenius, que va montado; al regreso no toma una manta que le ofrecen por el frío que hace en el lugar. Como si Lidia hubiera sido una aparición de la virgen, desaparece en el descenso, mágicamente, sin que nadie lo note. Será innecesario insistir en el carácter simbólico de esta desaparición que es el descenso a la eternidad de las "ideas o a la República Universal de las Matrices" (157) y a lo cual hemos dedicado ya nuestra atención.

La muerte de Lidia es, por todo lo que acontece, la muerte de una sibila por la cual el universo entero se revuelve. Lo que antecede al instante en que expira es suerte de inexplicable apocalipsis:

> Digamos su nombre: el de la tramontana. Como saltó, como voló, como empujó, como aulló en los tres días supremos en que pudo recoger el último aliento de la pobre Lidia, jamás se había conocido en Agullana. Dijérase que atropellaba sin tregua a todas las cosas del mundo a la vez. Gemían en ello las veletas, se doblaban trágicamente los árboles, se rompían los vidrios, partían lejos las tejas. Los silbidos, en el cielo sin mancha, alcanzaban a los aullidos. Ni las gentes ni los muros podían tenerse en pie.
>
> Repercutían algunos truenos secos. Sonaron también algunos ayes. [...]
>
> Y eso, tres días, tres días, tres días, tres días.
>
> En lo más estrepitoso del tercero, la anciana, que estaba sumida en un letargo, se agitó de pronto [...]. (188-189)

Tres días dura la agonía de Lidia hasta la muerte salvadora que la transfigura; tres días pasó también Cristo entre los muertos antes de ascender a las esferas celestiales. D'Ors comenta en el penúltimo capítulo cómo, el ascenso de Lidia al cielo ya había ocurrido en rigor, pues la Lidia simbólica, buscadora de justicia y de luz, en San Pedro de Roda, cuando desapareció, "pasó de este mundo al otro mundo", de manera que Lidia se convierte en simbólica deidad por partida doble.

En el "Epílogo", como venimos apuntando, los dos espíritus del bien, Lidia y Xenius van por fin a encontrarse y a fundirse para siempre. La escena final es una reminiscencia de la última de *Oceanografía del tedio* en la cual las espaldas de Autor y Amigo se tocan para formar una entidad. En el cielo *frío* (de pensamiento recto, de orden) las dos deidades coronadas de nimbos se hacen una:

> Se adelantó el uno hacia el otro. Los dos sonreían. Un nimbo de luz rodeaba a cada uno, de pies a cabeza. En un momento dado se fundieron los nimbos. Pero no se tocaron los cuerpos.
> —¡Fill meu! —exclamó, en catalán, Lidia, que todavía conservaba algo del calor terreno.
> —¡Pax, madrina! —fue la salutación de Xenius.
> Sin abrazarse, ni nada. (198)

Prevalece la imagen del hijo y no la del amante, como se puede suponer, en esta idealización y divinización de los protagonistas. Al fundirse los nimbos, los dos se unen sin que se pongan en contacto los cuerpos porque el amor que los atrae es divino, un amor "puro como el lirio del valle" en el cual no habrá de intervenir la carne.

V. *La cruz y el peine*

Entre los elementos que simbolizan el bien, la cruz y el peine ocupan un lugar prominente en la novela. Como se recordará, cuando Lidia es rescatada y llevada al asilo, le entregan estos dos objetos. Desde entonces su vida, que se disipaba en el desorden, se encamina de nuevo. Dichos instrumentos permiten a la vieja bruja adquirir el carácter y la apariencia requeridos para el viaje que, a su muerte, la llevará a reunirse con el espíritu de Xenius. D'Ors define así las funciones del peine y de la cruz:

> El peine es un cuidado; pero es también un conjuro. Cualquier maraña es diabólica. El cuidado femenino asiduo separa los elementos enmarañados, los discrimina, introduce, en su peligroso conjunto, la claridad. Introduce igualmente, con la intención, el orden, la belleza. Lo contrario a estas virtudes es lo que, con su obediencia a la desordenada espontaneidad, tolera románticamente el desaseo.

Lo que el peine da a la cabellera, introduce, en el lenguaje, la sintaxis; en la sociedad, la ley —repugnancia de los anarquistas—, y, en el pensamiento, la inteligencia. También ha introducido, moral, cultural, y hasta geométricamente, en la creencia, La Cruz. Sin la clara Cruz, la creencia no es más que superstición. También las mentes, en la confusión del desaseo, se vuelven brujas. (179)

Este párrafo resume, mediante los claros símbolos del peine y la cruz, el meollo del pensamiento orsiano, siempre en contra del romanticismo desordenador, la "fealdad" o el anarquismo. Nos da D'Ors, en verdad, una nueva versión, ampliada, del famoso lema de Juvenal "Mens sana in corpore sano". Para Juvenal, la salud del cuerpo era una condición indispensable para el bienestar del espíritu. Para D'Ors, el orden que el peine simboliza, aplicado a todos los aspectos de la existencia humana y presidido por la diáfana creencia en el Señor, es *sine qua non* para el desarrollo del espíritu y la supremacía de la inteligencia.

"Epilogos"

Nos decía Vicente Huidobro en su "Arte poética" que "el adjetivo, cuando no da la vida mata". Lo mismo se podría afirmar de un epílogo; si no añade algo fundamental, aunque no mate, al menos sobra. D'Ors los empleó con gran provecho para concluir *La Bien Plantada* y *Lidia de Cadaqués*. El epílogo amplía el mensaje de la primera de estas dos novelas con la presencia allí del Nando trabajador que, aunque puede ser visto como contrafigura de Teresa, ha sido, no obstante, inspirado por ella (La Raza) durante aquel verano. Si bien Teresa era como "basílica", Nando era "pequeña ermita marinera" de "aquella misma religión".[1] En *Lidia de Cadaqués* el epílogo es en realidad el momento más relevante de toda la trama, la etérea conjunción de los protagonistas en la pasión que los convoca, las anécdotas trastocadas en símbolos o divinas categorías.

No podríamos nosotros emular en eficacia a don Eugenio con nuestras palabras finales. Quedará contrariado el lector que se dirija primero a este epílogo, al abrir el libro, buscando aquí un resumen fácil de lo que ha tomado un buen número de páginas exponer de modo orgánico y, ojalá, coherente. Lo que nos proponemos es, simplemente, concluir con unos comentarios que, por lo que habrían tenido de digresión, nos ha parecido impropio incluir en los estudios particulares de las novelas.

Ante todo queremos recalcar el carácter excepcional de *Lidia de Cadaqués,* lo que tal vez nos lleve a una cuestionable, aunque posiblemente justa formulación. Ya sabemos que *Lidia de Cadaqués,* concebida y publicada como totalidad, fue la única

---

[1] *La Bien Plantada* (Barcelona: Editorial Exito, S.A., 1954), págs. 111-112.

novela de D'Ors escrita originalmente en castellano y la que más se acercó a lo típico de este género narrativo según se concibe tradicionalmente. Pero lo más singular en ella, su más importante particularidad, tal vez sea que es la única de las cinco novelas de D'Ors que no ocurre en los meses de verano, durante una vacación. Algo debe haber encontrado D'Ors de atractivo o sugerente a los meses de ocio del estío cuando los usó como marco de aquellas novelas que no tenían como sostén básico la trama anecdótica.

En voz muy, muy baja, para que casi no se nos oiga, tendríamos que preguntarnos si D'Ors quizá concebía que la creación de obras literarias de ficción, para él, era algo así como un *divertimento* que inconscientemente asociaba con los meses en que el orden riguroso falta y el trabajo metódico y edificante queda un poco abandonado. Durante sus vacaciones, Teresa descansa junto al Mediterráneo, Telina y Alfonso veranean en Gualba, Autor reposa en el parque del hotel, Sijé y sus amigos viajan por Italia. Los meses de estío animan a estos personajes cuya *sustancia* se disuelve al terminar dicha vacación de unas horas o varios meses, cuando se regresa a la disciplina o a la normalidad.

El otro asunto que nos interesa revisar aquí tiene que ver con lo que se podrían considerar temas fundamentales de la obra toda de Eugenio d'Ors: la marcada distinción que hace el autor entre anécdota y categoría y el conflicto entre el bien y el mal. Creemos que ha quedado convenientemente aclarado (y probado) cómo los personajes novelescos de don Eugenio (Teresa, Alfonso, Autor, Sijé, Lidia, Nando) no son en rigor ni anécdota ni categoría puras sino una mezcla de ambas cosas. Esta duplicidad, dicho sea de paso, crea sinuosidades significativas que podrían desconcertar al lector poco informado sobre el método creador de D'Ors. También hemos apuntado cómo la dicotomía de "bien y mal" a veces se resume en un ente único. Así, por ejemplo, Xenius es el bien en cuanto a que eleva a Lidia de su anecdótico existir, pero es instrumento del mal por desencadenar en ella la locura que la aniquila. Si se recuerda cómo en *Oceanografía del tedio*, Autor en su chaise-longue flota entre dos realidades (bien y mal) de las cuales es partícipe y, al final, simbólicamente, se pega físicamente a Amigo para formar con él una sola entidad de razón y pasión, pronto caeremos en la verdad de lo que ocurre. Lo que D'Ors se propone y logra mediante la presentación de términos antitéticos no es siempre marcar su contraste. Lo más interesante de muchas dicotomías orsianas es que los opuestos con bastantes frecuencia se funden en una equilibrada armonía. Con esto consigue el escritor lo mismo que Heráclito, el obispo Nicolás de Cusa o Santa Teresa, esto es, conciliar los opuestos. En la formulación de contrastes estriba el medio de expresar el misterio —para los místicos, religioso— de difícil verbalización. La Bien Plantada o Lidia son en sí contrastes vivientes, seres profundamente antitéticos. La verdad de casi todos los personajes que vibran con sus pasiones —que la mesura del autor siempre atenúa— en las novelas estudiadas se expresa, usando palabras de Nicolás de Cusa, según una visión espiritual "que acepta la coincidencia de los contrarios que la razón considera incompatibles".[2] Mediante estas diferencias significativas, D'Ors enriquece, a la larga, sus narraciones y revela dialécticamente el misterio de sus protagonistas.

El universo creador de don Eugenio, como aquel océano que tentaba a Autor en *Oceanografía,* se ofrece al lector interesado como invitación a la aventura, lleno de curiosidades y tesoros. Apremiamos al buceo a todo aquel que aún no se haya de lleno sumergido.

[2] Citamos por Anne Fremantle, *The Age of Belief* (New York: The New American Library, 1954), pág. 212.

INDICE

Novedades

Crítica

A18

Bruno Damiani, MORALIDAD Y DIDACTISMO EN EL SI-
GLO DE ORO (1492-1615)

En estos ensayos, el conocido crítico traza la profunda raigambre ético-moral de la prosa del Siglo de Oro
desde *La cárcel de amor* hasta el *Quijote,* incluyendo
La lozana andaluza, La Diana de Montemayor, *La Gala-
tea* de Cervantes y *La conversión de la Magdalena* de
Malón de Chaide. Nuevo ejemplo de la agudeza crítica
que hace de Damiani un estudioso tan lúcido como documentado.

800 pts.   10.00$

A19

Jorgelina Corbatta, MITO PERSONAL Y MITOS COLEC-
TIVOS EN LAS NOVELAS DE MANUEL PUIG

Siguiendo el método sicocrítico de Charles Mauron,
el presente texto indaga las profundas obsesiones personales de Puig, a la vez que abarca también la noción
de "mitos colectivos" de nuestra época, para de esta
forma revelar con total claridad y rigor crítico los ingredientes fundamentales que integran tanto a los personajes como el tejido de las obras del gran narrador ar-
gentino.

1.000 pts.   12.00$

A20

Armando Romero, GENTE DE PLUMA (Ensayos críticos sobre literatura latinoamericana)

Cortázar, Lezama, Borges, García Márquez, Cabrera In-
fante, Sarduy, Huidobro, entre otros, sirven de base para
un texto que nos pinta y documenta esa visión del doble que marca la naturaleza barroca del hacer literario
de América Latina, iluminando simultáneamente con ri-
gurosidad crítica las respectivas técnicas y estilos literarios de los diversos autores.

1.000 pts.   12.00$

A21

Luis González Cruz, EL UNIVERSO CREADOR DE
EUGENIO D'ORS

Finalista en el Premio American Express, Letras de
Oro, 1987, nos revela este texto un D'Ors desconocido,
por cuanto a través de un minucioso análisis de sus no-

velas, pone de relieve la calidad literaria de una obra narrativa hasta ahora ignorada por la crítica.

1.000 pts.   12.00$

A22

Jonathan Tittler, editor, VIOLENCIA Y LITERATURA EN COLOMBIA

Actas del IV simposio anual de la Asociación de Colombianistas Norteamericanos, se reúnen aquí múltiples perspectivas sobre tema tan sugerente, el cual, sin embargo, carece de todo sensacionalismo, sirviendo más bien de base para ilustrar la conversión en estética literaria con que la literatura responde a la trágica situación del país.

1.000 pts.   12.00$

A23

Fidel López Criado, editor, STUDIES IN MODERN AND CLASSICAL LANGUAGES AND LITERATURES, (I)

Actas del congreso anual de la Southeast Conference for Foreign Languages, se integran en este tomo diversos trabajos que reflejan brillantemente las últimas tendencias de la crítica comparatista, abarcándose como temas, literatura española, latinoamericana, francesa, italiana y soviética.

1.000 pts.   12.00$

En preparación

Iris M. Zavala. MASCARA Y CARNAVAL EN VALLE-INCLAN

ANTONIO MACHADO AND THE GENERATION OF 1898: A RETROSPECTIVE, edición de John P. Gabriele

A los 50 años de la muerte del poeta del 98, un bello homenaje que incluye colaboraciones de tales especialistas como Birute Ciplijauskaite, Inman Fox y otros. Sale otoño, 1989.

Varios, LA INSULA SIN NOMBRE (Homenaje a Nilita Vientos, José Luis Cano y Enrique Canito)

Trabajos sobre literatura española, desde la Edad Media a la actualidad, por tales plumas como las de Gonzalo Sobejano, Giuseppe Bellini, Iris Zavala, Manuel Durán, Aurora de Albornoz, Julio Rodríguez Puértolas, José Olivio Jiménez, Franco Meregalli, Luce López Baralt, Ricardo Gullón.